輪廻転生の秘密

死ぬるための生き方

上

埜村 要道著

国書刊行会

はじめに

「生をあきらめ死をあきむるは、仏家《ぶっけ》一大事の因縁なり」とは道元禅師のことばです。生き死にの問題は仏教の根本にかかわることであり、禅宗の祖師方にとっては「生死の超脱（超越し解脱すること）」は悟りと同義であるほどに、修行における大命題でありました。

だが、生死の問題は高僧だけの問題でなく、わたしたち凡夫にとっても身近に味わなければならないだけに、いっそう切実な問題ではないでしょうか。

しかし「生きるとは死ぬことである」といえば嫌う人も多いし、生あるところかならず死があり、人は生まれた瞬間から死に向かう旅路の始まりであるという認識は、どうももちたくはないようです。人が生きることの先にはかならず死があり、なんびとも避けえない事実のなかにありながら、人はなぜ死と向きあうことを避けて、生を好み、死を厭《いと》うのでしょうか。だが、生を断つことはできても死を断つことはできず、なんびとたりとも、いつかはかならず体験しなければならないことであるだけに、だれもがしかたなく自然のなりゆきにまかせているだけなのかもしれません。はたして、それでよいのでしょうか。

寺院住職という仕事がら、人の死にめぐりあうのはしかたのないことです。しかし、このところ同世代の知人や友人の訃報《ふほう》を聞かされることが多くなり、明日はわが身ともかぎらず、死は他人ごとではなくなりました。良寛和尚は「死ぬるときは死ぬるがよろし」といわれましたが、だれもが一度は通らなければならない死出の門であり、わたしも定めあるみずからの寿命を全うし、従容《しょうよう》として「死ぬるときは死ぬるがよろし」と自らの死を迎える境地でありたいものだと思います。

だからまた、自分のいのちはすなわち宇宙のいのち、自然の動きのなかに素直に身をゆだね、花は花の役目を終えて散るごとく、木の葉は木の葉の務めを果たし、紅に色づいて晩秋の風に誘われて去っていくような、そんな心境で死を受容できたらいいなぁと、思い描いています。

本書は、こんな思いのほかに、日常のおりおりの心模様を寺報に書き、説教として語り、また月刊誌『世論時報』への連載文を集めた、山寺の和尚の説教集です。

平成十五年五月

著者　記す

輪廻転生の秘密——死ぬるための生き方 ㊤

目次

2章　心の叫びを聞く

3章 人生は成長ありてこそ

1章　暮らしに生きる仏教

1　仏のこころを得る

〝暑さ寒さも彼岸《ひがん》まで〟ということばは、彼岸の時節ともなればよく耳にし、またよく口にします。実に、よくこの季節をいいあてたことばだと感心いたします。

彼岸の中日は「春分の日」と「秋分の日」にあたり、昼と夜がちょうど同じ長さ、昼夜を等分する中道と、またこの日は太陽が真西に沈むところから、その沈むかなたに西方《さいほう》十万億土にあるといわれる阿弥陀如来《あみだにょらい》の浄土《じょうど》を想念する中国の浄土思想から、この彼岸会は行なわれるようになったといわれています。

しかしじつは、今日のように、この日を前後する七日間を神仏や大自然の大きな力のご加護や恵みに感謝し、また先祖を敬い、供養し、己が信心、仏心を磨《みが》き養う期間として行なわれる彼岸会は、日本独特のものだそうです。

これはまた、農作祈願など農神祭とも結びついて日本独自の発展をしたともいわれ、彼岸の行事は『源氏物語』や『蜻蛉日記《かげろう》』にも記されているほどに、かなり古くから行なわれてきた仏教行事であります。

さらに、彼岸の中日の「春分の日」も「秋分の日」も、ともに国民の祝日として法律によっても定められています。法に定める祝日は現在十三日ありますが、それぞれには祝日として制定する理由が述べられています。

「春分の日」は「自然をたたえ、生物をいつくしむ」を法定の趣旨とするとされ、昭和二十三年に制定されています。これは、戦前には「春季皇霊祭」という皇室を祝う行事として行なわれていたものです。「秋分の日」は「祖先を敬い、亡くなった人々をしのぶ」を法定の趣旨とするとされ、これもむかしは「秋季皇霊祭」といっていたものです。

しかし、いずれにしろ、自然をたたえ、先祖や故人の冥福を祈り追善を行なうことは大事なことであります。ただ休日ということで、遊びの計画ばかりを考えるだけでなく、法定の趣旨のように自然をたたえ、先祖を敬うとともに信心を起こし、お寺まいりも忘れないように心がけたいものです。

しかし、「春分の日」や「秋分の日」そのものが彼岸というのでは、けっしてないことはご存知だと思います。彼岸ということばは「彼《か》の岸」と書くように、「此《こ》の岸」「此《し》岸《がん》」に対することばです。「此岸」とは、煩悩に迷い苦しむ、この現実の世界のことです。この迷いの此岸を脱して彼の岸へ渡る、すなわち、安心と安らいの悟りの世界へ到るために、仏教信仰があり仏道修行があるわけです。その努力をすることを精進《しょうじん》といいます。

したがって彼岸というのは、たんに春とか秋の一定の期間のことでもなく、またお墓まいりをするとか、先祖まつりをする期間のことでもありません。

人には、生きていくうえでのさまざまな悩み苦しみがあります。その代表として、四苦八苦《しくはっく》の「生老病死《しょうろうびょうし》」の四苦があり、愛する人と別れなければならない苦しみの「愛《あい》別離苦《べつりく》」、また会いたくない人、憎《にく》みあう人と会わねばならない「怨憎会苦《おんぞうえく》」、さらに欲しいものが求めても求めても得られない「求不得苦《ぐふとっく》」、そして心身の動きは盛んだが人間の心身を形成する五蘊《ごうん》（色《しき》・受《じゅ》・想《そう》・行《ぎょう》・識《しき》）の調和がとれずに平安が得られない「五陰盛苦《ごおんじょうく》」の八つの苦しみがあげられています。

人は生まれながらにして苦悩をせおい、苦しみ、迷いをいだいて生き、年老いて死にゆく宿命にあります。その生死流転《しょうじるてん》の此の世、此の迷いの岸を脱して、彼の悟りの岸へ到る道こそ『般若心経《はんにゃしんぎょう》』のなかで説かれる波羅蜜《はらみつ》の行《ぎょう》なのです。『般若心経』は承福寺《じょうふくじ》の法要のおり、かならずみなさんとともに唱和する、あのお経です。一般的にもよく知られるポピュラーなお経で、正しくは『般若波羅蜜多心経《はんにゃはらみったしんぎょう》』といいます。そしてまた、よりありがたく、より偉大な尊い経ということから『仏説《ぶっせつ》摩訶《まか》般若波羅蜜多心経』と呼ばれることもあります。

般若波羅蜜多というのは、インドの古いことばであるサンスクリット語の音訳で、般若はプラジュニャー、波羅蜜多はパーラミターが漢訳されたもので、「到彼岸《とうひがん》」つまり悟りの世界へ到る道を意味するとされてきました。つまり、波羅蜜の行を修めることによってあらわれる真実なる智慧《ちえ》、ものごとを正しく判断することができる智力、智慧のことを「般若」（プラジュニャー）というわけです。

その波羅蜜の行には六つの修行徳目が示されて、これを六波羅蜜といいます。

一、布施《ふせ》……人に施しを行ない、欲を離れ他を思いやる心を養う。

二、持戒《じかい》……仏の戒め、また社会のきまりを守り、つつしみの心を養う。

三、忍辱《にんにく》……耐え忍ぶこと、忍耐の心。

四、精進《しょうじん》……一、二、三の項目を守り行ない、なまけず、怠らず、努力をつづけること。

五、禅定《ぜんじょう》……精進努力の結果により、静寂の心を得る。

六、智慧《ちえ》……禅定を深めながら、叡智、仏の英知、般若に到る。

以上の六つです。

わたしたちは仏教徒である以上、この現実の迷い、執着の煩悩の世界から、かの悟りの世界をめざし、六波羅蜜を心がけていかなければならないわけです。そのためにも、まずは本尊如来に手を合わせ、信心を誓い、日々の生活を正し、仏のみこころを得ることでありましょう。このふだんの精進努力によって、仏さまもご加護くだされ、安心や喜びを与えてくださり、霊性の浄化をしてくださるものであります。その結果において、彼岸を得ることができるとされています。

彼岸は、死んだ先の世界や空想の世界、またはるか十万億土の西方にある世界のことではなく、この現実に生きているわたしたちがめざしていかなければならない悟りの世界のことです。

「煩悩即菩提《ぼんのうそくぼだい》」と申します。真のさとりは、心を悩ませ惑《まど》う現実のこの世界のなかで得られるのだというように、彼岸は遠くに求めるものではなく、自らの心のなか、行ないのなかに求めるべきであります。

世の中は　浮くも沈むも
　苦も楽も　心の舟の　かじの取りよう

との歌のように、彼岸をはるか遠くに求めて、苦労し、かえって得られぬ苦悩をつのらせることは愚かしいことです。心のもち方ひとつ、境地の転換ひとつで、仏心も神も宿れる身であります。

いや、もうすでにわたしたちは、大慈大悲《だいじだいひ》の仏の心で包まれているのかもしれません。じつは今、幸せのまっただなか、極楽の世界、彼岸の世界にいながら、煩悩、欲望の心に眼がくもり、不平不満をいだき、安心を失い、極楽や彼岸を見失っているともいえるでしょう。

一般に信仰というのは、ただ寺まいり、お墓まいり、先祖供養をすることのみとか、また神仏をおがんでなにかをお願いし、おすがりするようなご利益《りやく》的な面の受けとめかたがされています。しかしもっとたいせつなことは、信仰による心の安らぎ、境地を得、悟りを得て彼岸に到ることであるはずです。

たんにみずからの願望、欲望を祈願やおがみによってかなえられ満たされ、満足し、安心を得ることがあっても、それは一時的な安心であり、仏性のめざめによる境地の高い、真の安心とはいえません。このご利益信仰は、神仏の存在を感じ、知るきっかけ、信仰の喜びを知るきっかけではあっても、仏教信仰としてめざす彼岸の道ではありません。

古くから伝わる仏教行事としての彼岸会を迎えるにあたり、従来のみずからの信仰のあり方をふりかえってみられてはいかがでしょうか。

2　死後の世界はあるのか

先年、夫に先立たれたご婦人が、おまいりのついでに年忌法要の依頼にこられました。それは亡夫の法要ではなく、亡夫の父の弟の五十年忌なのでした。太平洋戦争のときに志願兵として出征し、南方の地で戦死された方ということでした。まだ若く独り身だったので、当然、実家のある当家の先亡者としてまつられてきたわけです。

その家の家督《かとく》をついだご主人が、一般常識として必然的に先祖まつりの責任を負うことになりました。そしてご主人が急逝されたあとは、妻であるご婦人がその立場を引き継がれたかっこうになったのです。しかし、まだ自分が生まれてもいない五十年も前の故人であり、嫁いで間もないころのこと、亡夫のことには気をかけても、先亡の五十年忌など思いもよらないことだったのです。

ところが、その故人の姉や弟にあたるオバさん、オジさんから「いつ五十年忌をやるのか」と促されて、夫の亡きあと、この家を守る自分の立場上、仕方がないとの思いから、しぶしぶの法要の思い立ちとなったのです。

故人は、見も知らない他人に等しいようにも感じられ、「なんでわたしが……」という気持ちもあったのでしょうか。そんな雰囲気の依頼だったのです。

親類、縁者の多いいなかのことです。いやいやでも、しなくてはならない、させられるご婦人がお気の毒にも思えましたが、そういう義務的に行なわれる法要に招かれる僧侶として、わたしのほうもまた複雑な気持ちにさせられたものです。

というのも、義務的、形式的に行なわれる法要などは無意義にも等しいし、「そんな無意義な法要などやめてしまいなさい」と断われば、このご婦人も困ってしまわれることでしょう。さらに、五十年忌はともかく、年忌法要を行なうことが一般的に美徳とされている現実があります。その現実を否定するように「和尚《おしょう》が法要をしてくれなかった」となれば、へんな誤解も生じかねません。

年忌法要は、日ごろの信仰のいかんにかかわらず、一般仏教徒にとっては大きな宗教的行事であり、慣習として広く行なわれていることです。しかし、わたしはたとえ世間の慣習であれ、これをたんに義務的、形式的に行なうことは無意義であり、仏教行事の名のもとに行なうことは仏教の誤解にも通じ、そういう年忌法要なら時間とお金の浪費だといっています。

人が死に、その御霊《みたま》がゆくべきところへゆく、すなわち往生《おうじょう》をとげるまでを四十九日間とする中有《ちゅうう》（中陰《ちゅういん》）という仏教思想があります。だから、四十九日をすぎたら、もう供養《くよう》は必要ないと思われなくもないのですが、現実の世界は人が往生をとげるのは、かならずしも四十九日間とはかぎりません。人それぞれの因縁によるところで、即得《そくとく》往生といい、死後ただちに往生される人もいれば、この世への執着を断ち切れず、いわゆる僧侶の引導《いんどう》や法要のかいもなく、何十年もゆくべきところへ往けず、み仏の導きにあずかれないで迷っている人（霊）もあるわけです。

しかし、一般的にいって、三年もすれば故人と遺された人びととの思いや結びつき、悲しみも薄れ、故人も輪廻の道が定まりましょう。それまでは命日ごとに親しい縁者が集い、故人の霊をなぐさめ、追善法要も必要かと思います。その後の年忌法要については、慣習だからといった義務的、形式的に流されない法要でありたいものです。

仏教行事として行なうところに、わたしども僧侶の出向く意味もあるはずで、その慣習として行なわれる法要を形式に終わらせるか、仏教的意味合いを説いて信仰行事にしていくかは、わたしたち僧侶の姿勢いかんなのかもしれません。これは、わたし自身の力量不足をいつも感じることなのです。

仏教とは、字のごとく仏の教えです。この仏とはお釈迦《しゃか》さまのことであって、俗にみなさんのいうご先祖さまや死者のことではありません。お釈迦さまは、この世に生きる多くの人びとの幸せを願われ、心の救いの道をお説きくださいました。

当然ながら、死者のために説かれた教えではないことはご存知だと思います。生きているわたしたちが仏をおがみ、仏の教えをいただき、精進を誓い、人間として向上しつつ、安心を求め、悟りをめざしていくことが仏教徒の信仰なのです。

だが、わたしたち仏教徒といっても、仏の教えを十分理解しえていませんし、日ごろの精進も軽んじ、おろそかにして、悟りや安心どころか、むしろ迷いさまよう世界から抜けだしえていないのが実情でありましょう。この世において迷いさまよう者が、死んだからといって魂のみが悟って仏になれるはずもなく、仏（さとり）の道とは逆の迷い苦しむ悪道の世界にさまよわないともかぎりません。

死後の霊については、むかしから神や仏となって、生きているわたしたちを見守り、助けてくれるものという見方と、もうひとつは死後もゆくべき道がわからずに往生できず、この世に生きるわたしたちに障《さわ》り、病気や災難などの祟《たた》りをなすという恐れをいだかせるものでもありました。

故人なり先祖の霊が往生をとげ、正しく輪廻し仏の道に向かって歩んでいるか、あるいはそうでなく、救われぬ存在となって霊の世界になお苦しんでいるのか、この現実の社会に生きる人たちには容易にわかりません。

「いったい、どうなのだろうか」という不安は、つねにつきまといます。だから「安らかな往生……」という故人の幸せを願う気持ちとともに、障りや祟りの恐れの回避の気持ちなどから、御霊《みたま》をなぐさめ往生へ導くさまざまな思いの追善法要が営まれるようになってきたのです。

人はだれでも死してのち、輪廻の理《ことわり》に従いゆくべき霊の世界へ往《ゆ》かねばならないとされています。死して肉体は滅びながらも、この世に執心、執着をもって霊としてなおわが家から離れられず、しがみつき、家族や縁者になんらかの悪影響をなすということは、いまだその霊は救われず、往生できないでいるということなのです。それらの御霊にたいして諭《さと》し、往生へ導くのが、わたしども僧侶の役目のひとつでもあり、また法要が営まれるゆえんでもあるのです。

いずれにせよ、故人なり先祖の霊壇に供物《くもつ》をそなえ、僧侶を招き経を読んでもらうということは、その経の功徳《くどく》力と、そのあと親類縁者など多くの参会者に食物を提供し喜んでもらい、故人を偲《しの》ぶとともに徳をたたえてもらうことによるその功徳を先祖や故人の御霊に及ぼし、よりよき死後の安寧追福《あんねいついふく》を願ってのことなのです。形式的、義務的であっては意味がありません。

回向返照《えこうへんしょう》するということばがありますが、年忌法要はわが日ごろの信心、精進の功徳をふり向けていこうという祈りの場でありたいものです。ですから、法要のとき唱えられる経の最後に読む普回向《ふえこう》のなかに、「願わくはこの功徳をもって普く一切に及ぼし、我等と衆生《しゅじょう》（多くの人びと）とみな共に仏道を成ぜんことを」とあるのは、このためなのです。つまり、信仰者として精進を誓い、仏道を歩み究めることを信仰の一部として行なうとき、その法要の意義も高められることでしょう。

また本尊仏に供養し、さらに目には見えない世界に存在するであろう諸霊にほどこし、また多くの人びとに供物をほどこすことは、物欲への執心を離れ、布施心や慈悲心を養う仏教信仰の一部をなすことなのです。さらに、これはたんに法要の場のごちそうの提供ということだけでなく、もっと社会的広がりをもったものであれば、なお功徳は高められることでしょう。すなわち、ほどこすみずからの心の向上にもつながり、そのみずからの成長こそ神仏の意にかない、先祖の御霊《みたま》の向上を助けてゆくものなのです。一人の真の信心は、六親眷属《けんぞく》を救うといわれるのは、このためだと思います。

そして、法要に参加した親類縁者もほどこしの与える喜びをいただき、ほどこしの尊さを学びあい、故人を介して仏教的に向上していくことになれば、なおけっこうなことでありましょう。

ところが現実は、このことばかりが主となり、なにをどれだけしたとか、これだけ豪華にしたというほどこしの財力を誇り、自慢するものであったり、はでさを競う法要になったり、また慣習だから形式的にやる、あるいは祟《たた》られたり障《さわ》りがあっては困るから経だけは読んでもらっておこうという営みであっては、本来の意味が失われるどころか、かえって仏教的意義に反してしまうことになります。

あくまでも本尊仏にたいしておがみ、亡き人の御霊の導きを願い、みずからの精進と信仰へ向かう誓いの場であるべきだということを忘れたくないものです。

3　魂のゆくすえ

　最近、自然葬ということについてのコメントを、よく求められます。今日の日本では、遺骨は墓地や納骨堂におさめるのが一般的習わしになっています。しかし、その墓地におさめず、細かく砕き、海や山に散骨するのを「自然葬」といい、最近生まれたことばです。ところが、これはまだ特殊な人の、まれな行為であるために、賛否両論あって話題性もあるのでしょう。

　だが、このことの背景には、最近の都市部の墓地不足や、建立費用の高値ということのほかに、核家族化や少子化現象によって、家のあとを継ぐ者がなく、墓を建てても、その後のまつりてがいなくなるという社会事情や、個人主義、個性尊重による家族意識の希薄化などが重なっています。

　もとよりわたしたち人間は、親を縁として生まれたとはいえ、大自然のいのちをいただいている存在であり、死んでしまえばその亡骸《なきがら》はまた自然に還《かえ》すのが、これまた自然のあり方というものです。

墓を造る造らないは、民俗の習慣、習俗によることであり、法律によって墓地、納骨堂への埋葬が義務づけられているわけではありません。ですから、遺体、遺骨、埋葬に関する所轄官庁の厚生省（現厚生労働省）は「節度ある散骨を容認する」という見解をだしました。これがまた、自然葬への願望にいっそう結びつく形となったのかもしれません。

あるとき、隣町の知人の有機農業をしている青年が、「和尚さん！　人間は死んだらどうなるのですか？」といきなり尋ねてきました。わたしはすぐに「人は死ねば生ゴミになるに決まっているじゃないか」と答えました。「エーッ、生ゴミですか？」と、彼は少々驚いたようでした。しかしじつは、彼がかねがね人間嫌いで、自然のなかでの生活が好きで、「自分が死んだら土にかえりたい。願わくは、自分の畑に！」という願望をもっているのを知っていたので、あえて「人は死ねば生ゴミになるよ」といったまでです。

もちろん、現実には人間としての尊厳、人間感情、また、お身内、肉親の心情を思えば、「生ゴミになる」などとはいえるものではありません。しかし、いかに偉い人であろうと、大人であろうと子どもであろうと、亡骸はしょせん、生モノにちがいありません。いつまでも生のままで置いておくわけにはいきませんから、腐敗するまえに焼くか、土に埋めるかしなければなりません。

このほかには、チベットにわずかに残る風習で鳥に食べさせる鳥葬とか、海や川に流し魚に食べさせる風習の水葬というものもありますが、基本的には、人間の遺体も生ゴミも、取り扱いの丁重さのちがいはあっても、方法としては同じであり、いずれにしても焼くか埋めるかして、自然の循環のなかに還元させることだと思います。

仏教的見方をすれば、人間の肉体は親を縁として生まれたとはいえ、「地《ち》・水《すい》・火《か》・風《ふう》・空《くう》」という五大《ごだい》、すなわち自然界のあらゆる元素とそのはたらき（作用）が、縁によって結ばれ、形づくられた現身《うつしみ》なのです。

少々理屈っぽくむずかしい話になりますが、これに神秘実相《じっそう》の大生命体のいのちの一部ともいうべき（霊）魂を宿してこの世に生まれ、生かされている存在なのです。また逆に、その縁を失うことはすなわち死を意味し、肉体はふたたびもとの五大に分散し、自然界に還《かえ》るというのが仏教的見方であり、現実の姿なのです。

最近、関心をもたれるようになった自然葬を求める声は、現在の形式化し、あるいは華美に流れ、形骸化しつつある葬儀のあり方にたいする批判であるとともに、死して後の自分の葬られ方やまつり方についての自分流、自分らしさ、個性を自ら表現したいという願望と自己主張なのでしょう。これはまた、従来の葬法にたいする時代の変革なのかもしれません。

これについて、わたしはまったく否定するものではありません。ただ、このことに関して忘れてはならないことは、遺体というのは、魂がこの世に脱ぎ捨てていったものであり、縁によっていただいたものは自然界にお返しすべきものなのです。むかしから聞いてきたことによると、葬儀の問題は、本人三分、遺族七分だということですが、わたしは、自分が死んで脱ぎ捨てていった遺体の所有権は、もう本人にはないという仏教者の立場をとっています。

なぜなら、本人が死んでなお自分の遺体に執着をもち、いつまでも遺骨のゆくすえにとらわれることは、自らの魂が行くべきところ、往生の地へ行けないということでもあります。すなわちこれは、かの世においても迷いの世界にあって救われがたいということがいえます。

ことばの表現としては適切でなく、語弊《ごへい》があるかもしれませんが、本来の仏教的立場でいえば、自分が脱ぎ捨ててしまった遺体という生ゴミみたいなものに、いつまでもとらわれ、執着をもつべきではないということです。

死んでからまで自分の遺体のことや遺骨のことの心配より、むしろいちばん大事なことは、この肉体に宿っている自分を、自分たらしめている魂なり、霊体の自分のゆくすえを考えることです。いくら自分流の葬式をし、個性的な遺骨の処理をしてもらっても、たとえりっぱな墓ができようとも、かんじんの本人の魂の往生がなければ意味はありません。

人は誕生にはじまり、死によってすべてが終わるものではなく、たとえ肉体の一生涯は終わっても、霊体としての生命《いのち》は終わるものではなく、生まれ変わり死に変わる輪廻転生という大自然の理《ことわり》のなかに生かされていることを観じてほしいものです。その霊魂が、輪廻の流れのなかで迷わず、み仏《ほとけ》に導かれ、行くべき往生の地、さらによりよきかの世界（悟りの境地）をめざすことこそ尊いのです。

現実には、その遺体は、後に残された縁ある人たちが、故人の想《おも》いをくみながらも、現実の事情に即して、そのときのいちばんふさわしい葬り方、まつり方をしてくれるものなのです。

4　死者は仏にあらず

「和尚《おしょう》さん、仏壇を買ったのでおがんでください」という依頼に応じるのも、檀那寺《だんなでら》の和尚の務めです。

互いの日時を決めてうかがうのですが、以前には、よくむだ足になることがありました。それというのは、仏壇内にまつる本尊仏が禅宗の一般的習わしとしておまつりするお釈迦さまでなくて、阿弥陀さまであったり、ほかの仏さまが安置されていることがあったからです。

阿弥陀信仰といわれるように、阿弥陀仏を本尊とし、阿弥陀仏の救いを信じ、極楽浄土をめざす信仰形態を宗旨とするのは浄土宗や真宗の宗旨であることは、一般的常識であるといえます。しかし、禅宗の宗旨というのは、お釈迦さまの教えをよりどころとするものの、そのお釈迦さまの仏像をおがむという釈迦信仰ではなく、坐禅によりみずからが仏心にふれ、仏心すなわち悟りを得ることをめざす宗教であるとしているために、一般の人にはなかなかわかりにくい宗旨であり、信仰のあり方もあいまいなものになってきているのかもしれません。

　ですから、禅宗の本尊さまというのも案外あいまいで、お釈迦さまであることを知らないという人も少なくありません。お年寄りのなかにはよく、お釈迦さまの前で「ナンマイダ、ナンマイダ」とか「ナンマンダブツ」と口ずさみながら祈る人が何人もいました。「ナンマイダ」も「ナンマンダブツ」も阿弥陀仏《あみだぶつ》の仏名の唱えことば（念仏）の「なむあみだぶつ」の訛《なまり》で、阿弥陀仏にたいして信心を表わすことばなのです。

「南無《なむ》」ということばは、梵語《ぼんご》（古いインドのことば）の「ナマス」の音訳で、「帰《き》依《え》する」「帰命《きみょう》する」とか「信従する」という意味に解釈されています。つまり、その仏さまなり神さまの教えを絶対的に信じ、自分のすべてを委ね、任せきるという意味です。

　だから「南無」というのは、阿弥陀仏にかぎらずお釈迦さまには「南無釈迦牟尼仏《なむしゃかむにぶつ》」とか観音さまには「南無観世音菩薩《なむかんぜおんぼさつ》」などと、さまざまな仏・菩薩にも用いられています。したがって「なむあみだぶつ」というのは阿弥陀仏を信じ身も心も委ねますという意味ですから、釈迦仏の前でお唱えをするときは、お釈迦さまの名号である「南《な》無釈迦牟尼仏《むしゃかむにぶつ》」と唱えるのが望ましいわけです。

それにしても、専門の業者の仏壇店が、それぞれの宗旨の本尊さまがなにかをまちがえることはないはずです。仏壇を買い求める人が、ちゃんと承福寺の檀家であるとか、禅宗の檀徒であるといえば、それなりのまつり方をしてくれるはずですから、たぶん、その方は承福寺の宗旨をまちがえて記憶されていたのでしょう。これは、まさにわたしの布教の不徹底さの結果ですから、だれを責めるわけにもまいりません。

開眼供養《かいげんくよう》のための飾りつけの準備はととのえられていても、かんじんの本尊さまが、日ごろの信心の対象とはちがったままでおまつりさせるわけにはいきません。宗派意識にこだわり狭い考えにはなりたくはないのですが、はじめがかんじんです。せっかく発願《ほつがん》されて、またこれからも承福寺の檀徒として信心を深めていただくうえにおいても、やはりお釈迦さまをおまつりしてほしいわけです。

たしかに、どの仏さまを安置しようが、みな仏教の世界のなかの仏さまでありますが、しかしやはり禅宗の宗旨をもって日々の信仰を説く立場としては、なにをおがみの対象にするかについては、いささかこだわらざるをえません。

禅宗の寺院でも、それぞれの由緒縁起《ゆいしょえんぎ》によってはお釈迦さまではなくて、阿弥陀さまやお薬師《やくし》さまなどが本尊としてまつられている寺も少なくありません。しかし、やはりどこのご本山の本堂や仏殿《ぶつでん》の本尊仏はお釈迦さまであるように、禅宗の一般的習わしとしては、仏教の教え主であるお釈迦さまを本尊としておまつりをするのがふつうです。もちろん、承福寺もお釈迦さまを本尊として、日々に勤行《ごんぎょう》、礼拝《らいはい》をいたし、法要においても、檀信徒のみなさまとともにお釈迦さまの名号《みょうごう》を唱え、ご供養申しあげています。

「法を灯《ともしび》とし、己自身をよりどころとせよ」とお釈迦さまは説かれているし、禅宗本来からいえば、ある特定の仏をおがむという教えはありません。しかも、坐禅修行によって己自身がみずからの仏性を自覚し、仏心《ぶっしん》を体得することを宗旨としています。

しかし、その宗旨とは別に、仏教徒としての日々の信仰の実践の手段としての本尊さまへの礼拝供養は、たいへん意義のあることです。だから、わたしは「釈迦信仰のすすめ」のように、「仏《ぶっ》・法《ぽう》・僧《そう》の三宝《さんぽう》に帰依《きえ》する」その仏は仏教の教え主であり、みずからの信仰対象としてのお釈迦さまにしぼって、檀信徒のみなさまにも「南無釈迦牟尼仏《なむしゃかむにぶつ》」の名号を唱和していただいています。

お寺の中心になる建物は本堂です。仏事法要など、信仰宗教行事を行なう聖なる場所です。その本堂の中央奥の高い壇上には恭《うやうや》しく本尊さまがまつられ大事にされているように、どこのお寺もご本尊さまが中心です。各家にあっては、せっかく安置されておられる仏壇ですから、ただの飾りや形式的存在としてでなく、それぞれのご家庭の中心がご仏壇であり、ご本尊さまであってほしいものです。

だからこそ、みなさまには常識としてお釈迦さまをまつる臨済宗《りんざいしゅう》の禅寺である承福寺の檀信徒であるというしっかりとした理解をもって、ご家庭での信仰生活の中心にお釈迦さまをすえていただきたいと思うわけです。

遠方から転居してこられ、かかわる菩提寺がないということで、ある家へ法要にうかがったときのことです。仏壇を見るとお位牌《いはい》が中央に置かれ、本尊さまは安置されているというより、横のほうに飾り物のように置かれていました。せっかくご縁あってご供養させていただくわけですから、読経《どきょう》に先立って仏壇内の模様替えをお願いし、本尊さまを中央に安置し、位牌は一段下の壇に置いてもらい、その後で仏壇の意義と日々の信仰についての説明をしました。

むかしの一般家庭では、仏壇というより位牌壇としてあったようですが、仏教の信仰にもとづいて中央正面に仏像や仏画がまつられるようになり、今日のような仏壇形式になったのはそれほど古くはないはずです。その仏壇のなりたちはともかく、仏壇は寺の本堂のミニチュア版ともいうべきでしょうか。

信心の程度はともかくとして、各家にはご縁をいただく寺の宗旨とする本尊さまが信仰の対象としておまつりされています。これは、その本尊さまを通して日々の信仰を培《つちか》うためにあるものなのです。わたしたち仏教徒が、おがみ信仰の対象にするのは、仏・如来等の本来の仏さまであって、先祖や故人のお位牌ではないのです。

よく一般的には、人が亡くなれば「ホトケになる」という言い方をされますが、本来の意味の仏（ホトケ）というのは死者のことではなく、仏陀（ブッダ）のことであり、大悟正覚《だいごしょうがく》といい、正しく真理にめざめた人のことです。すなわち完全なる悟りを開き、大宇宙の真理をわがものとした立場のお方こそが、仏さまなのです。われわれ俗人、凡僧が死んだからといって、かんたんに悟りを開き、本来の仏さまになれるはずもありません。死者はあくまでも死者であり、亡き人であり、故人でしかありません。

では、なぜ死者を仏というのかといえば、大宇宙の一切は仏の世界であり、仏のいのちそのものといわれるように、人はもちろん山川草木一切のものは、その仏のいのちをいただいて生まれ、仏の子として生かされているとされているからです。だから、人が死してのち、弔《とむら》われ、野に返り土に返り、自然に返っていくということは、仏の世界、仏のいのちのもとに返し、同化していくということでもあるわけです。

そういう意味において、人は死んで仏になるといえなくもないのですが、だからといって、死者が即、仏・菩薩と同等に信仰の対象としての仏さまになれるはずがありません。人の肉体は自然に返り、仏の世界へと同化されたからといって、その人が急にりっぱになってお悟りを開き、仏・菩薩位を得ておがまれる対象としての仏さまになれるわけがないのです。

死んでのち、仏の世界という大自然に同化されるのは、人間ばかりではありません。犬も猫も猿も、嫌われ者の蛇もゴキブリも同じです。ゴキブリや蛇が死んだからといって、だれがそれをホトケになったといっておがみましょうか。また、人が死ねば仏になるという教えは、仏典のどこにもないのです。

では、なぜ仏壇に灯明をあげ、香・花を供えておがむのかといえば、それは本尊さまへの供養であり、回向《えこう》であり、追善であるからです。おがむわたしたちが、まことの供養と信心を表わす合掌をもって祈り、精進を誓う、その功徳力が、お位牌となられている故人や先祖の回向となり、追善となり、霊の慰めとなり、さらに善導《ぜんどう》をいただくこととなるからです。

だから、おがむのはあくまでもご本尊さまであり、故人の形代《かたしろ》としてのお位牌ではないのです。

5　魂（こころ）の旅

あるご婦人の冗談話です。

ある朝、顔を洗おうと洗面台の鏡を見たら、なんと知らない女の人が写っているではありませんか。一瞬、びっくり！　驚いてよく見ると、化粧をした自分の顔だったというのです。いかに厚化粧をしていたからといっても、まさか自分の顔をほかの人と見まちがえたりはしないでしょうが、本人が冗談話としていわれるから、おかしくもあり真実味が感じられたのです。

前日、親戚の祝いごとがあり、久しぶりに姉妹・いとこたちが集まり、夜遅くまで飲んだり食ったりで話に花が咲き、深夜、帰宅したら、もうぐったりです。とうとうお風呂にも入らず、化粧も落とさずに、そのまま寝床に入ってしまったそうです。そのことをすっかり忘れて、翌日の二日酔いか寝ぼけまなこで鏡をのぞいたら、いつも

とちがう顔が鏡に写ったので、「なんだこりゃ!」と驚いたそうなのです。これは、ちょっとした笑い話にすぎませんが、そのとき、わたしはふと、人はほんとうに自分の顔をどれだけ知っているのだろうかと思ったものです。

よくよく考えてみると、人はだれひとりとして、ほんとうの自分そのものの顔を見たことがないはずです。みな鏡に写る自分の顔であったり、ビデオや写真の顔ばかりなのです。自分が思っている自分と、ほかの人が見ている自分とは、かならずしも同じとはかぎりません。嘘をついたときの一瞬の自分の顔、悲しみの顔、怒り狂った己の顔等々、千変万化、鏡に写せば、それはもう別の顔でしょう。

わたしたちは人として長いあいだ生きてきて、その間いろいろ勉強もし、ある程度の知識や理屈、理論も覚えました。そして、好いも悪いも理論武装したり、自己主張や自我感情もしっかり身につけて、やがてなにがしかの立場や肩書きをもち、地位や名誉や財産もでき、着飾り化粧して、もうどれがほんとうの自分なのか見失うことも少なくないと思います。ときには、社会常識や迷信、慣習にとらわれ、めんつとか対面、沽券《こけん》にとらわれて苦しみ悩んだりしている、さまざまな自分があり、そのときそのときの顔があります。

いったい、ほんとうの自分の顔、いや自分そのものとはなにかさえわからなくなっているのではないでしょうか。そういう見失った本来の自分を、もういちどとりもどし見なおすことを、禅宗では大事な修行眼目のひとつにしています。それは「己事究明《こじきゅうめい》」といい、文字どおり己のことを究明することです。大自然のいとなみのなか、父母を縁としてこの世に生まれ、自分という自分にしかない、たったひとつの自分の「いのち」をいただいた、そのいのちの尊さの自覚でもあります。

現代的にしゃれた表現をすれば「自己発見の旅」であり、「真実の自分さがし」であり、「心の旅」「魂(こころ)の旅」ということなのです。

君も旅　我も旅なり　又の世も
　行き先尽きぬ　旅路なりけり

と歌われているように、今世の一生涯だけでなく、この旅は生まれ変わり死に変わりゆく輪廻の旅路でもあります。松尾芭蕉《まつおばしょう》はすげ笠をかぶり、錫丈《しゃくじょう》を手に「奥の細道」の旅に出ました。それはたんなる物見遊山《ものみゆさん》の旅でも、俳句づくりの旅でもなかったようです。

旅人と　わが名よばれし　はつしぐれ

の句から、芭蕉の求道の旅が感じられます。旅籠《はたご》のお女中からだろうか、「もし、旅のお方」と呼びとめられたそのときの芭蕉は、まさに人生の旅の旅人だったにちがいありません。

その弟子の与謝蕪村《よさのぶそん》は、芭蕉のように行脚《あんぎゃ》の旅には出ず、京、洛中の浮世のなかで家族を養いながらの貧しい生活で、俳句をつくりつづけたといいます。しかしその蕪村も、やはり気持ちにおいては人生の旅人だったのです。

門を出《い》づれば　われも行く人　秋しぐれ

と詠《よ》んでいるように、芭蕉を慕う旅のお方だったのです。「門を出づれば」のその門とは、死出《しで》の門出《かどで》のことかもしれません。漂泊の俳人として知られた山頭火《さんとうか》も、流浪《るろう》の旅をつづけたなかに、やはり人生の旅、魂(こころ)の旅をつづけていたようです。

ＫＢＣ（九州朝日放送）のテレビ局前に、山頭火の句碑があります。

砂にあしあとどこまでつづく

の句も、人生の終焉《しゅうえん》のその先を見すえて詠《よ》まれたものだと思います。僧形托鉢《そうぎょうたくはつ》の姿でありながら、酒と女に気を紛らわしつつ、やはり真実の自己を探しつづけたことでしょう。

わたしも、一つの旅の句を作っています。わたしの代表作なのです。といっても、これ一つきりなのですから、とうぜんです。

目覚むれば現世身（空蟬）重き旅の宿

（現世身も空蟬も「うつせみ」と読むかけことばにしています）

この句は数年前、東北岩手の花巻温泉旅館でできました。朝湯につかり心地よく転《うた》寝《ね》をして、ふと目を覚ました視線の先の庭木の根もとに、一つの空蟬（蟬の脱け殻）がありました。空蟬はもうぬけがらですから軽いはずなのです。ところが湯疲れもあるのか、ぼんやりと蟬のぬけがらのような腑抜《ふぬ》けのわたしの現世身(うつせみ)は、けだるく重いのです。世のしがらみもあります。それより、煩悩妄想がいっぱいつまっているその重みなのかもしれないなぁ、と考えつつ浮かんだ句なのです。のんきに遊び呆《ほう》けているわたしでも、心の深層では、やはりどこかで真実の自己をさがしつづけているのだと思います。意識するしないにかかわらず、人はだれでもそうなのだと思います。

ある人から「自分はいのちがいちばん大事だと思っていたころは、生きるのが苦しかった。しかし、いのちよりたいせつなものがあることを知ったときから、生きることがうれしくなった」という話を聞かされたとき、わたしは思わずその方に手を合わせました。いのちよりたいせつなもの、それはいのちをお与えくださった大いなるものの根源にふれられたにちがいありません。それは神仏を知り、自分が生きているのではなく、仏によって生かされていることを体得されたからでしょう。まさに己事究明がなされ、自己発見の旅を終えられたのです。

わたしは、なおも旅の途中であります。

6　お盆はなぜある？

仏教行事として知られるお盆は、ほとんどの会社が夏期休暇にあてているために、正月とともに国民的行事となっています。郷里では兄弟姉妹があい集い、墓まいりや精霊《しょうりょう》を迎えての供養など、この期間は祖霊を慰め、御霊《みたま》とともに過ごす宗教的民俗儀礼が行なわれます。盆踊りや灯籠《とうろう》流し等々、土地土地の風習があり、お盆行事は夏の風物詩そのものであります。

またわが上八《こうじょう》地方では、初盆を迎える家があれば、その家の庭や、あるいは近くの公民館の広場などで部落民総出で盆踊り（福岡県無形文化財指定）を踊り、故人を偲《しの》び、その霊を慰める伝統が生きています。これはまた盆行事をとおして地域共同体のコミュニケーションの場となり、伝統文化の継承となっています。

盆行事は『盂蘭盆経《うらぼんきょう》』にもとづく仏教行事であると古来説明がされてきて、疑う人はいないでしょう。しかし、この起源を仏教の教えに照らしてみるとき、あまりにも矛盾に満ちているという事実もあることを、仏教の正しい理解として知るべきではないかと思います。

お盆、あるいは盂蘭盆会《うらぼんえ》の「盂蘭盆」とは、古いインド語の「ウーランバナ」の音訳語で、「倒懸《とうけん》」という逆さにつるされ責められる苦しみという意味です。お釈迦さまの十大弟子の一人、神通《じんずう》第一といわれる目連尊者《もくれんそんじゃ》が、あるとき、その自らの神通力をもって亡き母の死後を見ると、なんとわが母は餓鬼道《がきどう》におちて逆さづりの苦しみを受けていたのです。〝まさか、まさかあのやさしかった母が〟と驚き、悲しみに沈み、母を救う方法をお釈迦さまに尋ねました。目連の母はわが子にたいして盲目的にかわいがりやさしかったようですが、他をかえりみず、ほどこしの心をおしんだ心のせまさのために餓鬼道におちたのだと伝えられています。

お釈迦さまは「雨安居《うあんご》という、雨季のあいだの特別の修行期間が終わり、きびしい規則が解かれる修行僧たちの休息の日に、飲食百味《おんじきひゃくみ》（さまざまな飲食物）、五菜等々、山海の珍味の供物をそなえ、十方の大徳《だいとく》、衆僧《しゅそう》（多くの修行僧）を供養すべし」といわれ、餓鬼道の世界の苦しみからの救出方法を教えられたという話が伝えられています。

なんと『盂蘭盆経』とは、わたしども僧侶にとっては、じつにおいしい話でありま す。

なるほど古いお経であり、いかにも仏説のごとく伝えられています。しかし、お盆の起源である『盂蘭盆経』そのものは中国でつくられたお経だといわれているように、お釈迦さまの教えにしては俗っぽく、稚拙《ちせつ》さを感じます。だからといって、わたしは伝統的お盆行事を無意義として否定するわけではありません。

『盂蘭盆経』の成立の真偽はともかく、お盆行事の真意は、目に見えない別なる世界に目を向け、心を向けさせて、迷いの世界で苦しむ者たちに手をさしのべ、救おうという布施の精神や慈悲心を養うためにあるといえます。その方便として『盂蘭盆経』がつくられたのかもしれません。

それにしても、神通第一とまでいわれ、お釈迦さまの十大弟子のなかでも四天王ともいわれる目連尊者が、わが母とはいえ、餓鬼道の世界におちて苦しむ衆生の一人さえ救えないというのは、じつにおかしな話です。もしそのとおりなら、目連の神通力はいかがわしいものといえます。目連ほどの偉大な神通力の持ち主が、餓鬼道の亡者を救済できないとなれば、今日のわたしたち未熟な凡僧が、いかに回向し盆供養を行なったとしても、はたして餓鬼道に苦しむ亡者を救えるものだろうかとの疑問が残ります。

とはいえ、今や国民的行事として定着し現代に広く行なわれているのは、やはり先祖を尊び、先亡や故人への追善、追福をし、迷苦の世界におちて苦しむ者に心を向け、ほどこし慈しむ仏教精神が生きているということにほかなりません。盂蘭盆会の行事が施餓鬼供養《せがきくよう》とともに中国からわが国に伝来したのは斉明《さいめい》三年（六五七）といわれ、天平五年（七三三）に宮中で盂蘭盆供《く》が行なわれ、一般にも広く行なわせたといわれています。

盂蘭盆の語源「ウーランバナ」は「倒懸（さかさづり）の苦しみ」という意味だそうですが、逆さづりの苦しみはたんに肉体的な苦しみのみではないと思います。それは、わたしたちが日常生活のなかで欲心や愚かさから、ものごとの道理を逆さに受けとり、憤《いきどお》りや腹立ち、愚痴不平や醜い争いをし、妬《ねた》み恨《うら》み、悩み苦しむ心の苦痛も、倒懸の苦しみにちがいないと思います。そして、自らが餓鬼・修羅《しゅら》の迷いの世界に沈み苦しんでいるのが、現実のわたしたち凡夫《ぼんぶ》の姿なのかもしれません。

だからこそ、せめてお盆の一時期なりとも、自らの欲心を離れ、衆僧（多くの修行者）のみにかぎらず、目に見えないかの世の餓鬼道・修羅・地獄におちて苦しむ諸霊にも心を向けて供えほどこし、さらにみずからの生命の根源である神仏に供養し、また精進を誓うときとしたいものです。その心の修行精進のときとして、お盆が行なわれていることに意義があると思うのです。

7 クモの糸の救い

ときどきではありますが、本山の大徳寺に用があり、京都へ出かけることがあります。新幹線を利用しますが、行楽シーズンともなれば混雑し、満席です。わずか二、三時間のことながら、「袖擦《そです》り合《あ》うも他生《たしょう》の縁《えん》」で、隣の座席にどんな人が座るだろうかと、多少は気になります。

まったく赤の他人でも、隣りあわせともなれば、物理的にはもっとも自分に近い人間です。ところが、なんの会話もなく、無関心に、どこのだれとも知らなければ、お互いの心の隔たりの距離は遠いままです。しかし、笑顔での一言の「こんにちは」なり「暑いですねぇ、どちらまで?」とかいうあいさつひとつによって、二人の距離は急に近くなり、親しみあえるあいだがらになれるのも不思議です。

だから、隣がどんな人かが興味あるところです。怖い人相のお兄さんより気さくな人がいい。美人も悪くありませんが、つんとすました人は苦手です。耳にイヤホンをしてガムをクチャクチャと噛《か》んでいる若者には取りつく島もありませんが、せっかく隣りあわせた者同士、よそよそしく無言で過ごすより、できることなら一言なりとも声をかけ、コミニュケーションをはかりたいという思いがします。

ただ、そのときのはじめの一言なり、タイミングのとりかたが大事で、どういう気持ちで、どういうことばを出すかによって、お互いの人間関係はよくも悪くも決まるとさえいわれています。「オイ、コラ!」で始まれば、「なんだ、この野郎!」という関係ができてしまいます。「こんにちは、ありがとう、すみません」で始まれば、「ようこそ、どうぞ、どうぞ」とお互いを認めあい、敬いあう関係ができやすいものです。

仏教では一心十界《いっしんじっかい》といい、人の心のなかには十の心の世界があるとされています。十界とは、地獄界・餓鬼界・畜生界・修羅界《しゅらかい》・人間界・天上界・声聞界《しょうもんかい》・縁覚界《えんがくかい》・菩薩界・仏界のことです。

人はだれでも、地獄のなかで苦しみ悩む心や、いつも腹立ち争う修羅の心とともに、やさしく人のためにほどこし、つくす菩薩の心も、慈悲心あふれる仏の心など、この十の段階の心をあわせもつとするのが一心十界の思想です。

たとえをあげて説明すれば、人の心には十界にあたる十の部屋があり、それぞれには出入り口があります。どの部屋のドアを開けて自分の心を出し入れするかによって、その人の人がらが現われ出るわけです。

いつも腹を立て、けんかっぱやく、争いごとを好む人は、修羅界のドアを開けっぱなしにしているのかもしれません。あれもほしい、これもほしいと、いつも満たされることがなく、かぎりない欲望に飢えている人たちは、いつも餓鬼の部屋のドアの開けぐせがついていて、そこからいつも自分の心を出し入れしているのでしょう。

「衆生本来仏なり」といわれるごとく、人にはみな仏性がそなわっているはずなのです。しかしわたしもそうですが、仏界・菩薩界等の聖道《しょうどう》につながる部屋のドアはほとんど開けず、もう錆《さ》びつかせたか、鍵をかけ、開かずの間にして仏性を閉じ込めているのが、わたしたち凡夫なのかもしれません。

他人《ひと》はわが心の写し鏡ともいわれます。憎らしく、嫌な奴と思う人があるとすれば、その人の心はわが心の反映された姿であるということです。それは、自分が自分のどの段階の部屋のドアを開いて、相手のどの段階のドアをノックして開け、引き出した心かによって、その相手がいい人であったり悪い人になったりもするものです。「おい、こら！」の気持ちで接すれば、相手から「なんだ、この野郎！」という反発心が返ってくるようなものです。

よく人の悪口をいい、相手の欠点や短所をあげつらうのは、たぶんに、自分の醜く低い境地の部屋のドアから出した自我感情や偏見の心で、相手方の下のほうの境地のドアを叩き、こじ開けて相手の悪しき心を引きずり出しているにちがいありません。自らの低い境地の心の目でしか見なければ、相手の低い部分や悪いところしか見えなくなってしまうもので、けっして相手が悪いからとはかぎりません。

ですから、わたしたちは仏教の信仰者として境地の低い悪道のドアでなく、自らの善なる境地のドアを開きやすくして、善なる心、やさしい心、思いやりある豊かな心を出し入れさせ、その心でほかの人の高い境地のドアを開かせ、仏・菩薩に通ずる道をつけてやることが、仏行の実践のひとつではないかと思います。

あるところで、その話をしたら、「和尚さん、今、だれにも菩薩や仏の心があるといわれましたが、あの〇〇事件の犯人にも、あそこのごうつくばりで性悪の親爺《おやじ》でも、仏界の心の部屋をもっているんですか？」と、疑る口調で質問されました。仏界の部屋といっても、お釈迦さまとまったく同じ仏心があるというわけでなく、その仏界の部屋からみずからの心を出入りさせれば、その心は如来・仏の心に通じていくのだと、わたしは理解しています。

芥川龍之介の短篇小説『蜘蛛《くも》の糸』の話は、興味ある内容です。

「あるときお釈迦さまは、地獄の底で苦しむ極悪人の犍陀多《かんだた》という男が、むかし小さなクモのいのちを助けてやったという、たったひとつの小さな善行に報いてやろうと、極楽の蓮池からクモの糸を地獄の犍陀多のもとに垂れて、救い出そうとされた。犍陀多は喜んでクモの糸をよじ登り、極楽へと向かった。

ところが途中で下を見ると、大勢の地獄の罪人たちがそのクモの糸にしがみつき、群がって登ってきていた。犍陀多はこれを見て驚き、この細いクモの糸が切れてしまうと恐れ、『この糸は俺のものだ。みんなおりろ！』と叫んだ。そのとき、クモの糸はぷつんと切れて、犍陀多はふたたび地獄に堕ちてしまった。

その後、犍陀多は自らの無慈悲を悔い、心改めて、ふたたびクモの糸にたくされるお釈迦さまの救いを信じて、たくさんの罪人たちが自分の足にぶら下がるのも振り払わず、そのまま共に極楽へ引き上げられた」

という話です。一心十界で、どんな人にも菩薩の心や仏の心がそなわっているかどうかは、わたしには絶対の確証はありません。しかしわたしは、だれにも十界につながる十の部屋の出入り口のドアはそなわっていると思っています。

犍陀多がお釈迦さまの救いを信じ、自分の足にぶら下がる罪人たちを振り払うことなく、共に極楽へ行けたのは、彼が地獄で慈悲心をもったというわけではなく、みずからがお釈迦さまの、まさに仏心に通じる心のドアを開き、お釈迦さまの教え、救いを絶対として信じた、その心が仏心に通じ、極楽へと救われ、その功徳に幾人もの罪人たちまでもが救われたにちがいありません。

8　施餓鬼は餓鬼のためならず

仏教行事のひとつに施餓鬼会《せがきえ》の法要があります。承福寺では、八月十日に毎年行なっていきます。お寺によってまちまちですが、たいていお盆の前後とか、お彼岸の期間中とかに行なわれています。

施餓鬼の起源については『仏説救抜焔口餓鬼陀羅尼経《ぶっせつくばつえんくがきだらにきょう》』という、なんだかややっこしい名のお経によるとされています。お釈迦さまの弟子の阿難尊者《あなんそんじゃ》のもとに、ある夜、餓鬼が現われて救いを求めたということです。阿難はすぐに仏にたずね、施餓鬼食《せがきじき》の法を教えてもらったという話にもとづいて儀式化されたのが施餓鬼会です。

その施餓鬼会を行なうことにより福徳寿命が増長すると伝えられ、今日もなお盛んに行なわれています。しかし、その行事に参列する多くの人たちは、施餓鬼供養とは、自家の故人やご先祖のご供養をしていただくための法要のように思われているようにも感じられます。

また、寺が行なう行事だから、檀家の義務として参列し、ただお和尚さんたちのお経を聴きお焼香して、なんとなくありがたく思い、お斎《とき》をいただいて帰るという人もいるかもしれません。でも、それではお施餓鬼の意味はありませんし、仏教徒としては不十分のお寺まいりに終わっていると思います。

餓鬼とは、けっして故人や先祖のことではありません。六道（地獄・餓鬼・畜生・修羅・人間・天上）という迷いの世界のひとつで、つねに飢えと渇きにもだえ苦しみ、そしてむさぼりやまない心をもった者たちの集まる世界にいる輩を餓鬼というのです。餓鬼とは子どものことでもありません。それは、子どもにたいする最大の侮辱であるともいえるでしょう。飢え苦しむ目に見えない世界の者たちに食をほどこし、救いの心をさしのべるのが施餓鬼会供養の法要です。わたしたちの肉眼の目に見えない世界のことだけに、一人ひとりの霊の供養というより、先祖を含めた一切の霊、すなわち三界万霊への供養をすることにより、その功徳が故人へも、ご先祖へも及んでいくことになるわけです。

施餓鬼とは、たんに餓鬼道におちて飢えや渇きに苦しむ悪道の亡者に供養するという善行の功徳の意義にとどまりません。じつは凡夫のわたしたちは、だれでも心のどこかに貪《むさぼ》りやまない心、また老後の不安とか将来の不安などからくる、心満たされない餓鬼道に通じる飢えた心も、もちあわせているのではないでしょうか。

餓鬼へのほどこしは、そのみずからの餓鬼道に通じる執着心、むさぼりやまないみずからの欲心を離れさせる功徳の行でもあると思います。「情けは人のためならず」というように、人のためにかけた情けも、けっきょく自分のためになるということのように、餓鬼へほどこす、心からの施餓鬼の修法《しゅほう》が、けっきょくみずからの布施心を養い、慈しみの心を育て、みずからの心を養う、そういうお施餓鬼でありたいものです。

9　悟りの道はやさしい

人にはだれでも好き嫌いがあり、得意・不得意の分野があるものです。人それぞれに才能・能力が異なり、性格や感性もちがいますから、当然ながら得意・不得意ができ、好みのちがいから好き嫌いもできるのも、しかたのないことです。いくら努力しても、どうしようもないことだってあるでしょう。

しかし、人は社会のなかで生きていくうえにおいては、嫌いなものにもとりくまなければならないことだってあるし、社会人として集団の組織の一員としての義務として、嫌いなことも果さなければならないことも多いものです。

嫌いなものを好きになるのは容易なことではありませんが、「嫌いなものは嫌いだ」「できないものはできない」と逃げたり、避けてばかりいたのでは、人としての進歩も成長の機会も失ってしまいます。不得意なことや嫌いなことにめぐりあうのも、神仏が与えたまう試練かもしれません。むかしの人は「苦労は買ってでもせよ」ということわざを残してくれていますが、その苦労、心労は忍耐の行であり、また自己変革のチャンスでもあるはずです。

嫌いなことが好きになれなくても、あえて嫌わず、避けることなく、神仏がわれに与えてくれた人生修行の課題として、またぐりあわされた縁として受けとめ、積極的にとりくもうとする努力の課程や結果のなかに、思わぬ知恵が生まれ、新しい発見や工夫や自らの能力や人としての幅を広げる経験をいただくことが多いものです。

『信心銘《しんじんめい》』という禅語録の中に、「至道無難《しいどうぶなん》、唯嫌揀択《ゆいけんけんじゃく》」ということばがあります。道（さとり）に至るのは、けっしてむずかしいことではない。ただ、ものごとを対立的に見て、いずれがよいとか悪いとか、好きとか嫌いとかいって選び、それに執着する心を起こさないことだ、という意味です。

世のなかには、相性のよい人と相性の悪い人がいるものです。顔を見ただけで虫ずが走るようなイヤな人がいるという人もいますが、だいたいわたしたちが好きとか嫌いというのは、向こう（相手側）に問題があるというより、自分の物指し・マス・ハカリ（自分の価値観）でもって他を計り、そのとらわれの感情によって対立的にものごとを見ていることが多いものです。ほんとうは相手のことはなにも知らず、ただ先入観や印象、見てくれ、人のうわさや風評、評判だけで相手を評価し、好きだ、嫌いだといって対立感情を起こし、みずから苦しんだり悩んだりしている人も少なくありません。

「苦因他にあるに非ず、己が心にあり」ということばがありますが、自分の心のなかに嫌悪の対立する悪感情を起こし、とらわれて苦悩の原因をつくっていることが多いものです。

「至道無難」でなく「至道多難」、困難をさけてばかりいては、仏教信仰は深まりそうもありません。

10　冥土の旅の一里塚

時の流れに形はありません。その形のない時の流れに年号という形を設けて暦をつくり、一日のあらたまりに「おはよう」とあいさつを交わし、一年のあらたまりに「おめでとう」とあいさつを交わします。これは「形あれば心あり」と申しますように、その共通の時のなかで人と人のつながりを深めあった先人たちの知恵なのだと思います。

今年もおかげさまで無事、新年を迎えることができました。除夜の鐘つきにつづき、新年迎えの法要を大勢の参詣者とともにつとめて、みなさまの一年の無事息災を祈り、また「おめでとうございます」とそれぞれにあいさつを交わしあう年の初めは、いつもさわやかであり、晴れやかです。

「今年こそ……」と誓いを立てて、多くの人は幸せを祈ることでしょう。この幸せでありたいというのは、だれもが思うあたりまえの願いです。しかし、その幸せということの観念は人それぞれで、基準が定かでないだけに、願いもさまざまでしょう。

むかし、「一杯のかけそば」という話が話題となったことがありました。年の暮れ、どこかのそば屋で貧しい三人の母子が一杯のかけそばを注文し、三人で分けあって、幸せを感じながら年を送ったというようなお話で、たくさんの人が感動したとか……。

このように世間には、一杯のかけそばに幸せを感じられる人もいますが、逆に毎日ぜいたくざんまい、飽食のかぎりをつくしながら、なお満足がえられず、幸福ということを味わえない人が大勢おられるようです。

「今年は、なにかいいことないかしら」というお嬢さんがいました。「素敵な彼が現われて……」といったハッピーなことを思い描いてのことでしょうか。「なにかいいこと」の中身は知りませんが、だれもがふと思う「なにかいいことないかしら」の裏返しには、なにか心に満たされないことがあるとか、なにかの欲望があるということなのでしょう。「こうあってほしい」という夢や願望があるのは人として当然のことで、むしろ理想を求め夢を描く、また将来への大欲をもつことは向上欲であり、成長と前進があって、それは生きるうえにおいては望ましいことです。わたしは悟りすましたように、安易に「清貧に甘んじろ！」とか「小欲知足たれ！」というような、みずからできもしない教訓的なことをいうつもりはありません。

しかしまた、今いただいている足もとの幸せを幸せと思わず、ほかにもっとなにかを求めて幸せ探しをしても、ついに幸せにめぐりあえないことでしょう。古人も、「今、自分のなかにあるものだけを拾いあげて喜ぶがよい。手もとにないものばかりを数え上げて不足に思ったり、他をうらやむ人は、生涯幸福には出あえない」といわれています。わたしはいつも「小さな喜びや幸せを幸せと思えることが大きな幸せだ」といっています。今の境遇、与えられた環境や恵みを感謝し喜べる人こそ、ほんとうの幸せがえられる資格者だと思います。

一般的ではありませんが、仏教ではお釈迦さまの生誕を元年とする仏暦というものがあり、今年は仏暦二五四六年ということになります。

ともあれ、時は流れ、ゆく年くる年があります。「一年の計は元旦にあり」と申しますが、「今年こそ今年こそはと誓えども　三日坊主の元の木阿弥」などといわれるように、人の心のもろさはしかたないことでしょうか。

人に与えられた時間はみな平等です。大人も子どもも年寄りも、一日二十四時間、一年三六五日（正確には三六五日と五時間四八分四六秒で、この余分な時間の調整のために四年ごとのうるう年がある）です。今日という一日、いや毎日の時々刻々と過ぎてゆく時の流れは、ふたたび返ってくることはありません。

かつて本山京都大徳寺の一休禅師は、

門松や　冥途のたびの　一里塚
　めでたくもあり　めでたくもなし

と歌っています。その意は、正月だからといって力みかえることなく、淡々と一日一日をせいいっぱい生きるということのように思います。

世紀末も世紀はじめも、ともに時の流れのひとコマですが、どこにも区切りはありませんせん。だから、その「時」そのものに意義があるわけではなく、その「時」を意義あらしめるのは、その「時」に生きる人それぞれなのです。いたずらに馬鹿騒ぎをするのではなく、日々を神仏とともに生きんがため、三六五日を元旦として、一日一日をいつも心あらためて新鮮な気持ちで暮らしたいものです。

11　悲しみと優しさ

承福寺のホームページを開いてから、丸五年になりました。どれだけすずみまでご覧いただいているかはわかりませんが、アクセスだけは三万三千を超え、昨年一年間だけでも延べ一万二百人の訪問を受けたという数字が刻まれています。ここに訪れてきた人が感想や、お尋ねや、個人の思いをなんでも自由に書き込める「にここ掲示板」というコーナーを設けています。その掲示板のなかに、知らない方より

「明日は心から大切な人の命日。あれから十四年が過ぎたのに、昨日のことのようです。わたしは今、全てを失い、自分の人生を歩いていくことに疲れ、人を信じられない、恨むことしかできない、愚かなのか、醜いのか、そんな時間だけを過ごしています。彼が生きていたら、怒られるはず。わたしはいつまでも、過去の想い出を支えに生きているようです。明日はまた泣く日。でも今日、今まで言えずにいたこの自分を、

伝えられた分、心がかるくなりました。和尚さま、明日のお勤めにわたしを思い出してください。頑張ります」

という一文が書き込まれていました。人それぞれに刻まれる悲しみの度合には違いがあり、すぐに忘れて、次の目標に向かって力強く歩き出せる人もいれば、この方のようにいつまでも悲しみをせおいつづける人もいるものです。

このご夫人は大事な方を亡くされてまだ十四年ですが、戦後早や五十余年、なおその悲しみの傷跡が癒されずに、おりにふれて涙される人びとがおられるという現実に出あうこともしばしばです。戦争を知らない者にとっては〝戦後は遠くなりにけり〟という感じがいたしますが、お身内に戦争犠牲者をもつ人や、幾人もの戦友を看取り、みずからも生死をさまようほどの悲惨な抑留体験者のなかには〝なお戦後は終わっていない〟という人たちが大勢おられるということを、檀用のなかで知らされることがあります。もちろん、日ごろから泣き悲しんでばかりいるというわけではないのですが、おりにふれては古傷が疼《うず》くのでしょう。

むかしのことをいつまでも悲しんだり恨んでいても、なんの前進もないことは、ご本人がいちばん承知されていることなのです。それでも、意識の底に深く刻まれた心の傷、悲しみの痛みは、五十年たとうが百年たとうが消えないのかもしれません。その経験のないわたしには知りえないことで、理解し想像はできても、その痛みのほどはわからないながら、ただその思いをくんで御仏《みほとけ》に伝え祈るしかありません。

昨年十一月は運転免許の更新で、福岡の試験場へ手続きに行きました。そこでは毎度のことながら、簡単な教則の説明のほかにビデオを見せられます。それは、交通事故にあった被害者の家族の深い悲しみと、悲惨な加害者の家族の現状を紹介する内容です。生々しく、見るのもつらい気がして、目をつぶってしまい、そのまま居眠りしてしまうのがつねでした。

そんななかで、わが子を失った母親の「この悲しみは、けっして忘れられるものではない。生涯にわたってせおっていきます」という力強い言葉を耳にしたとき、心情の理屈ではわりきれないものを、あらためて感じさせられたものです。

こんなとき、親しいまわりの人は優しく慰め、そして「しかたがないじゃないか。これも因縁だから、もうそろそろあきらめなさいよ」と諭《さと》し、励ましてくれることが多いものです。本人にしても、そんなことはいわれなくてもわかっていることなのですが、「あきらめろ、忘れろ」といわれて、あきらめられるものでしょうか。あきらめられないからつらく、苦しく切ないのです。それなのに、あきらめなさいというのは、すごく冷酷すぎることばにも受けとめられかねません。生まれたもの、いのちあるものは、かならず死なねばならないということは当然のこととして知りながらも、やはり心情としてはどこかに「死んでもいのちのあるように」というような願いがあっても、それを愚かといって笑うのは、人の悲しみにたいする理解の薄さを示すものではないかと思います。

仏教の教え主のお釈迦さまも、こんなとき、けっして「それはしかたがないことだから、むだなことだからあきらめよ」とか「もう忘れなさい」とはおっしゃいませんでした。

仏教説話のなかのお話です。ある婦人が子どもを亡くして嘆き悲しみ、「この子を生き返らせてください」と泣きながらお釈迦さまにすがり、助けを求めました。お釈迦さまは「よろしい」と承知され、母親に「ただし、この子を生き返らせるためには条件として、いまだ先祖代々死者を出したことのない家を見つけ出すことだ」と課題を与えられました。

婦人はさっそく家々をまわり、死者を出したことのない家を探し求めました。とこ

ろが、何百、何千軒の家を訪ねても、死者を出していない家を見つけることはできません。探し疲れ、歩き疲れた婦人は、見つけきれなかったことをお釈迦さまに報告しました。そこでお釈迦さまは、「生老病死」の四苦の現実や、「会者定離《えしゃじょうり》」「愛別離苦《あいべつりく》」という、会うものはいつかはかならず別れなければならない、たとえいくら愛しあう親子、夫婦であっても、離別はさけられるものではないことを説かれたのです。

「生あるものはやがて命が尽きる」という事実と、「いつまでも生きつづけてほしい」という人間の心情の、いずれもないがしろにしないところに仏教の優しさがあります。仏教の基本的教えとして、因縁《いんねん》・四諦《したい》・八正道《はっしょうどう》の三つをあげることができます。

そのなかの四諦の「諦《たい》」とは、わたしたちがふだん使っている〝あきらめ、忘れる、しかたなくあきらめ投げ出す〟といった「あきらめ」という意味ではありません。「諦」という字は真理・真実という意味であり、〝明らかにする、つまびらかにする、真実を正しく見抜く〟ということであります。

お釈迦さまは「子どもを生き返らせてください」とせがまれて、「なんという愚かなことを」というお諭《さと》しでなく、悲しみにくれる母親の悲しみをよく聴《き》き、その気持ちをくみとったうえで、「死者の出たことのない」家々を訪ねさせて、愛別離苦の現実に向きあわせ、母親自身の体をとおして「会者定離」を知らせしめ、「四諦の法」をさとらせたのでしょう。

四諦とは、苦諦《くたい》・集諦《じったい》・滅諦《めったい》・道諦《どうたい》の四つをいい、苦諦とは、この苦しみはどこからきたのか、集諦とは、それはなんの因縁からなのか、滅諦とは、その苦しみはどうすれば滅することができるのか、道諦とは、この苦しみをなくす道・方法のことで、そこに八正道が説かれるのです。

八正道とは、八つの正しい生き方のことです。その八つとは、次のようなものです。

①正見（しょうけん）正しく見る、正しい見解。
②正思（しょうし）正しい考え。
③正語（しょうご）正しい言葉。
④正業（しょうごう）正しい行為。
⑤正命（しょうみょう）正しい生活。
⑥正精進（しょうしょうじん）正しい努力。
⑦正念（しょうねん）正しい使命。
⑧正定（しょうじょう）正しい瞑想

この話は仏教説話のなかのものですが、いったん死んだものが生き返るはずもないことは、だれもが知っています。しかし、人の心情としては理屈どおりにはまいりません。愛しのわが子を交通事故で亡くしたあの母親の「あの子を返して！　生きて返して！」と加害者に迫る、あの画面を見たとき、母親の気持ちは、二千五百年前のお釈迦さまの時代も今も変わるものではないと思わされたのです。

だから、悲しみや心の痛みを分かちあい、気持ちをくみあえる、温もりある人間社会がつくられなければならないし、またつくっていかなければならないのだと思います。世のなかが理屈・道理だけでことがはこび、理屈・道理ですまされれば、世のなかはきっと味気なく、つまらないものとなることでしょう。

12　栄える家に三声あり

昨年のこと、廃屋を壊して新しく家を建て替えるため、その「古屋のお祓《はら》いをしてください」との依頼をうけました。

さっそく、実施日を打ち合わせて当家にうかがいました。その家の造りは建築当初はりっぱだったのでしょうが、もう何年も使われず空家として放置されたままだったので、まさに廃屋という形容さながら、荒れ放題で寒々しく、いささか不気味な感じがするほどでした。家は呼吸をし、声をもつ生きものだということがいわれますが、やはり「家は人とともに生きるのだなぁ」ということを感じました。人の住まなくなった家は、急に生気をなくして死んだように荒れ、朽ちていくものだということを実感したものです。

むかしの日本家屋の特徴を表わす「家に三声あり」ということばがあったといいま

す。三声とは、家人の働いている声や物音、赤子の泣き声、読書の声だそうです。こんな三声など、現在では皆無に等しいでしょう。むかしの開放的家屋での三世代同居、大家族の時代のことばだったのでしょうか。いまや、家屋の洋風化で玄関はドアで遮断され、ふすまや障子は少なくなり、子ども部屋などの個室がふえ、アルミサッシで戸や窓は気密化して「隣はなにをする人ぞ」ならぬ「家族のそれぞれがなにをする人ぞ」というくらいに隔絶してしまっている家もあり、この三声はすでに死語となっています。

ところが、その三声を失ったことの代償は、少年の非行化や学級崩壊などの現象となってあらわれた、という人がいます。「三声が聞こえないような住宅の造りが、少年の非行を生み出している」という見方をしているのが、なんと住宅販売会社のミサワホームの三沢千代治さんなのです。長年、住宅会社の社長として家屋を扱い、見つめ、研究してきたことを、本としてまとめられています。経験にもとづくことばですから、信憑性《しんぴょうせい》は高いことでしょうが、なんと「非行の出やすい間取り」があるそうです。子どもたちが家族の集まる居間を通らず自分の勉強部屋へ直行できる間取り、鍵《かぎ》のついた子ども部屋、インターホンによる連絡の仕組みのある住宅に、非行が出やすいそうです。

現代は景気の落ちこみ、経済の低迷といいながら、マンションや新興住宅地の開発もすすみ、けっこう新築家屋がふえています。おしゃれっぽく、なんだか洋風の雰囲気が感じられたりして、まるで外国に行ったような気分になります。

最近、やたらプライバシーということが重視され、どの家も子ども部屋としてりっぱな個室が与えられるようになりました。そのぶん、家族との接触も会話もなくなっていくのは当然のことです。それがすべてではないにしても、そんな環境のなかで非行少年や非行少女たちが育っている、との指摘には考えさせられます。いったい、子どもたちにそこまでのプライバシーが、なぜ必要なのでしょうか?

わたしの地元の学校の先生や父母会の役員さんたちの共通の声ですが、むかしながらの家でお年寄りがいて仏壇のある家庭の子どもは、情緒が安定しているとか、おちつきがあるみたいだといいます。仏壇そのものがあることに意義があるわけではなく、すくなくともそこには神仏の存在があり、なんらかの生きた信仰があるというところに、ある種の宗教的情操が育ち、子どもたちの心の安定をつくっているのだと思います。

家屋の「三声」の仕事の音の代わりに仏前の鈴《りん》の音色《ねいろ》、読書の声の代わりにお経の声、赤ん坊の泣き声はなくても、いつも家族の会話の声があることが、現代に必要な家の三声ではないかと思うのです。

2章　心の叫びを聞く

1　ことばは心の使徒である

なにげない一言によって人を傷つけたり、なにげない一言が人を救い勇気を与えたりすることは、だれもが経験することです。アトランタ五輪マラソン銅メダリストの有森裕子さんが喜びの涙で語った「自分で自分をほめてやりたい」の一言が多くの人びとに感動を与え勇気づけたことは、まだ記憶に新しいことです。

ことばは口から出るものですが、そのことばというものは、心という土壌から芽ばえ育ったものが、口から生まれ出てくる花のように思えます。美しい心、純なる心、健全な心の土壌からは、美しいことばの花や可憐《かれん》なことばの花が咲き、優しい心の土壌からは、やさしいことばの花が咲きます。きたなく濁《よご》れた心から生まれ育つことばは、やはりゆがみ汚《よご》れたことばの花が咲くように思えます。

ことわざに「ことばは心の使いである」といいます。「そんなつもりではなかったのに」というようなとんでもない誤解を招いたり、かるい気持ちでいった冗談が、相手の胸にぐさりと突き刺さり、傷つけてしまうこともよくあることです。そんなつもりはないといっても、やはり相手への配慮や思いやりに欠けた、いい加減な心が、無意識に育てた、いい加減な不用意なことばとなって口から飛び出してしまったのでしょう。

そしてまた、ことばは耳を通して聞こえてくるけれど、耳が聞くのではなく、心で聞き、心がことばを受けとるのです。心浄《きよ》く直《なお》ければ、どんなことばも素直に受け入れ、正邪を正しく判断し、動ずることなく自らの学びとなって、さらに自己の善なる心、感謝の心を育てます。心がゆがみ汚れていれば、どんな美しい、優しい好意のことばもゆがんで受けとめ、邪心、邪見、猜疑心《さいぎしん》の芽を出させてしまいます。言うも、聞くも、ことばには人間性そのものが現われ出るものです。

同じひとつのことばでも、用いる人により、また使い方によって冷たさを感じさせたり、温もりや優しさを与えたりします。どんなすばらしい理論理屈を並べ、どんな美辞麗句《びじれいく》をもってことばを飾っても、やはり労苦を超えてやりとげた人の真実の声にはかなわないものです。やはりその道の達人や人生の年輪を重ねた人のなにげない一言には含蓄があり、きらりと光るものがあります。そして、ことばの重みがちがいます。真実のことばは生きたことばであり、人を明るくさせ、勇気や生きがいを与える力をもっています。

ある老夫婦が、駅のホームでたむろしタバコを吸っていた若者たちに「タバコは体によくないから、おやめなさい」と注意をしました。すると、その若者たちの一人が、すぐに「おばちゃんありがとう」とタバコの火をすぐに消してくれたといって、そのご夫婦は喜んでいました。

わたしもときどき、禁煙の場所でタバコを吸っている人にていねいに、しかも優しいことばで注意することがあります。ところが、たいてい反発されたり、いやな顔をされて、お互いが嫌な思いをすることがつねです。

そこに、ことばのもつ重みのちがいが出ています。彼女のように純真に相手の身を気づかい、しかも人生の年輪をかさねた人の一言の注意には重みがあります。いかにも、つっぱり、肩を怒らせていた少年たちの心を素直にさせ、「ありがとう」といわしめたことばの力を感じます。わたしがいくら優しいことばづかいで注意しても、注意するわたしの気持ちには、相手を思いやるという心より「けしからん、ちゃんとマナーを守れよ」というトゲトゲしさがどうしてもともなってしまうから、相手もすぐにそのトゲを感じて、拒絶反応を起こしたり、反発の感情がわくのでしょう。なるほど、ことばは心の使いであり、心の反映なのだと思いました。

また、口は禍《わざわい》のもとであるといわれています。たしかに、その口から発することばについては仏教でも十悪業《じゅうあくごう》といい、人間の悪《あ》しき行為として、戒め慎まなければならないことのなかに、ことばについての項目があります。

十悪業というのは、身業《しんごう》（身体で行なう悪しき行ない）、口業《くごう》（ことばによって犯す悪しき行為）、意業《いごう》（心がつくりだす悪しき行為）の身《しん》・口《く》・意《い》の三業《さんごう》といい、まず身業として一、殺生《せっしょう》（生きものをみだりに殺すこと）、二、偸盗《ちゅうとう》（他人のものを盗むこと）、三、邪婬《じゃいん》（邪な性交）があります。そしてことばの口業として、一には悪口《あっく》（人の悪口を言い、ののしる）、二は両舌《りょうぜつ》（二枚舌を使い、人をたぶらかす）、三は綺語《きご》（ことばを飾り駄言を弄《ろう》する）、四は妄語《もうご》（嘘偽《うそいつわ》りをいう）があります。ちなみに意《こころ》による悪しき業として、一つは慳貪《けんどん》（貪《むさぼ》りやまない心）、二には瞋恚《しんに》（怒りの心）、三には邪見《じゃけん》（邪な考え）を合わせて十悪とされています。

なんと、その十悪のなかに、ことばによる過《あやま》ちの行為が四つもあげられているわけです。よきにつけ悪しきにつけ、ことほどさようにことばづかいのむずかしさを感じてしまいます。

しかし、ことばなしには人間関係はなにもきずくことはできず、社会生活もなりたちません。やはりことばは、神さまが人間に授けてくださった、もっともたいせつなお宝だと思います。なぜなら、ことばは心に思うことを表わす道具であり、たとえ声は出さなくても、人はことばによって考え、ことばで思い、ことばで祈ります。まさに、ことばは人間の存在そのもののように思えます。

心が育てばことばも育ち、ことばを育てれば人間も育ちます。育たないのは、育てないわたしがあるだけであります。

2　悩みごと何でも相談所

「承福寺の和尚さんは話がヘタ」でとおっているわたしにも、ときおり講演の依頼がきます。なぜかというと、話ベタだから講師としての謝礼が安くてすむという、予算のとぼしい主催者の思惑・算段があるかどうかは知りませんが、わたしもよせばいいのに、ヘタを承知ならということで、つい引き受けてしまっています。それは、わたしも坊さんのはしくれとして、お説教のひとつもできない坊さんだと思われたくないという、坊さんとしてのプライドがあって、断わるにも断わりきれない、へんな意地がはたらくのです。

講演のたびに原稿づくりに四苦八苦し、そのあげく、いつも赤恥をかき、まったくわりがあいません。生来の話ベタを自覚しているから、少しでもよく話したいと思い、何日も何日もかけて苦労して原稿を仕立て、たいへんな神経と労力を要して講演に臨みます。しかし、いつも結果は虚しく、その苦労のかいもなく、聴衆の大半を催眠術にかけたように眠りに誘いこんだり、重苦しい雰囲気をつくってしまい、自己嫌悪に陥るばかりです。

とても講演料とか謝礼などいただける段ではありませんが、やはり出すほうもその点は心得てくださっているようで、けっして分以上の謝礼はないので安心なのですが、しかし一つの講演に要する負担を考えると、ボランティアのつもりとはいえ、わりのあわないことを引き受けているような気がします。主催者の方に失望と不盛会で迷惑をかけているので、ボランティアにも奉仕にもなっていないのに、なかなか坊さんとしてのプライドが捨てきれないわたしのがんこさには困ったものです。

そんななか、福岡市婦人会館〃あいれふ〃を会場として行なわれる「明るい明日を築く集い―心豊かな生き方を考える―」をテーマとする講演依頼がきて、その講師紹介の肩書きはどうしましょうかと問われました。承福寺住職ではいけないのかというと、それでもいいが、ほかに経歴とか肩書きがあれば、という要望です。

わたしは住職以外には社会的立場はありませんし、「ふつうのいなかの、ふつうの寺の、ふつうの和尚さんで、寺という性格上、ときおり訪ねてくる人の悩みごとの相談に応じるくらいですね」というと、「それがいい。〝悩みごと何でも相談所〟にしましょう」と担当者がいいます。それなら「なんにも答えられないかもしれない〝悩みごと何でも相談所〟」ならということにして、承福寺住職のほかにもうひとつ、その肩書きを並べてもらいました。

もちろん、寺にそんな相談所の看板も標札も出しているわけではありませんが、寺の社会的役割のひとつとして、衆生の悩みごと相談に応じることは当然であるし、今までにもさまざまな悩みごとの相談がもちこまれ、それに応じてもきたので、この肩書きはけっしていつわりではありません。

あるとき、知人の紹介でノイローゼで悩む四十代の男性が訪ねてきました。今、精神病院に通っているが、どうしても恐迫観念がぬけず悩んでいるとのことです。その人は先年、母親を亡くしたということですが、その母親は心臓病で入院していました。ところが入院して間もなく、その母親に痴呆症状が見られ、病院で夜中になるとなんどとなく、大声で看護婦さんを呼びつけ、なんだかんだといって困らせるようになりました。つきそいの家族がいてもそれはやまず、呼ばれる看護婦さんが気の毒であるし、ほかの入院患者の迷惑にもなり、息子としては病院で気がひける状態でした。

ある晩、彼がつきそっているとき、いつものように大声をあげて「看護婦さーん」と叫ぶので、「お母さん！　ここにボクがいるんだから、静かにしなさい」と母親の口にタオルを強く押しあて、黙らせました。とっさのことで、タオルは鼻にもかかり息苦しかったようで母親はバタバタしたらしく、しばらくしたら母親の力もぬけて、そのまますやすやと寝入ってしまいました。

彼も安心して、その夜はゆっくり休んだというのです。ところが翌日の午後、母親は急に心臓が停止して亡くなってしまいました。

母親を失ったショックと、昨夜のタオルを強く押しあてて黙らせた後だけに、そのことが原因ではないかと彼は悩みだしました。医者は死亡原因とそのことはまったく関係ないといいますし、そのことで家族も彼の行為を責める人はだれもいません。しかし、自分が手荒く黙らせ、いささかなりとも母親に息苦しい思いをさせたという罪悪感はぬけず、「あなたのせいじゃない」という医師のなぐさめ、家族の励ましを受けながらも、その恐迫観念はつのり、ノイローゼとなり精神科医院に通うことになったといいます。

その間、福岡市内の坐禅道場にかよい、坐禅をしたりしましたが、静かに坐《すわ》って考えれば考えるほど、その思いは強まり、いっそう暗くなるので、いまはやめているといいます。そしてみんなに「あんたは悪くない。気にするな！」となぐさめられ、励まされれば励まされるほどつらく、罪悪感は逆につのって、自分はどうしていいかわからないと、暗く、さえない顔をしていました。

人はよく、自分で自分をごまかし、自分を失うものです。彼もそのひとりかもしれません。しかし、彼は正直者で自分をごまかしきれなかったのです。正直者で小心な彼は、自分のやった行為を正直にみんなに告白し、罪のゆるしを請いました。母の死は彼の行為とは無関係であるゆえに、だれも彼を責める人はいません。もちろん彼自身、自分を責める人はいないことを承知のうえでの告白でした。ところが、彼のその正直さは自分をいつわり苦しめる結果となったのです。

というのは、彼の母にたいする行為は、母の死因とは直接的にはまったく関係のないことと医師も家族のみんなも認めてくれているのですが、自分では、自分がやったことによって多少なりとも心臓に負担がかかり死亡の間接的原因になっていると彼自身が感じ、罪悪感を少なからずいだいていたのです。だから小心な彼は、その罪の意識から無意識に逃げようとし、みんなに自分の行為のすべてを正直に告白して「おまえの行為は、おかあさんの死とは関係ないよ」となぐさめられ、許されようとしました。でも正直な彼は、正直ゆえに自分がごまかせず、罪の意識をもちながら、だれもが自分を無実だといってくれた、というより、そういわせて自分の行為を正当化し、罪をのがれるために一生けんめい自分をごまかそうとしていました。しかし、どうしてもごまかしきれない自分との自己矛盾に苦しむ結果になってしまったのです。わたしは彼の表情から、このことを直感させられました。

たしかに彼にとっては、母の死は一大ショックでした。そのうえ、自分の行為が直接ではなくても、やはり母の死になんらかの関係があるのだと、自分で罪の意識をもち、罪悪感をいだいていたのです。ところが「それはあなたのせいじゃない。気にするな!」となぐさめられ励まされるほど、それは自分をごまかし、ふさいでいる傷口に痛みとしてひびき、なお暗く沈んだ気持ちになるのは当然のことでした。

そのことをわたしは指摘し、「罪の意識をもち罪悪感を感じているのなら、それはそれとして一生その罪をせおっていくのが、おかあさんにたいするつぐないだし、供養ではないのか。ひとがあなたのせいじゃないといっても、自分がいちばんそのことを知っているのだ。ひとが許してくれても、自分がいだいている罪の意識は厳然と自分がもっているのだから、それを自分の心をいつわり、その罪をおおいかくそうとしたり、罪からのがれようとするから苦しくなるのだ。罪の意識があるあいだは、罪のつぐないがすんでいないのだから、罪の意識がなくなるまで、その罪を一生せおってでもつぐなっていけばいいじゃないですか。いつわって逃げたり、罪を正当化してごまかしてはいけない」と叱《しか》ったのです。

彼は、今まで暗く沈んでいた顔がみるみる明るくなり、今までの呪縛《じゅばく》から解放されたようになったのには、わたしのほうが驚きました。彼は自分で自分をいつわり、自分で自分を縛《しば》っていたのです。そのいつわりの自分に気づき、自縛《じばく》が解けたのでしょう。彼は無邪気に喜び、帰っていきました。

わたしは、歌の文句ではありませんが「押してダメなら引いてみな」式で、人がなぐさめ励ましてだめだった彼を、それならいじめて叱ってやるという、たあいもない悩みごと相談所、こんなに簡単に問題が解決することばかりではありませんが、社会のひずみのなかで苦しみ悩む人の愚痴のひとつでも聞いて、悩みを分けあい支えてやれたら、相談所相談員としてもうれしいかぎりです。

3　説教はやめよう

承福寺では、看板こそ出してはいませんが、「なんにも答えられないかもしれない〝悩みごと何でも相談所〟」であると思って、ときどき尋ねてくる人の悩みや、そのほかいろいろの相談に応じることがあります。

かつて「わたしには悩みという悩みがないのが、わたしの悩みです」といって悩んでいたお嬢さんがいました。それはどういうことかというと、「友だちや同じ年齢の人たちが、たいてい将来のことや恋愛のこと、人間関係や人生について、なんらかの悩みをいだいているのに、自分にはそのいずれも悩みとするものがない。ひょっとすると、わたしは心の成長が遅れているのかもしれない。心の不感症で異常なのかもしれない」と、彼女はまんざら冗談ばかりではなさそうでした。

そんな悩みもあるのかと思いながらも、人というのは、いろんなことで悩んでいるものだということを教えられました。

もとより、寺というところは人びとの悩み苦しみの心の救いの場であり、心の浄《きよ》めの場でありますが、それは住職のわたしがそのすべてを引き受け、知恵を与え、力を与えて解決してやろうというものではありません。なによりわたし自身が悩み多き人間であり、苦悩をいっぱいせおっている者の一人ですから、そんな大それたことはできません。

しかし、その悩み多きわたしだからこそ、人の悩みや苦しみの気持ちも理解できるかもしれないと、かってに思ってやっているのが「なんにも答えられないかもしれない〝悩みごと何でも相談所〟なのです。でも、ここでわたしがなにかお説教をしたりするのではなく、その人の悩み苦しみを聞き、共に悩み、共に苦しむ苦悩の共有者となるくらいのことです。悩める人にとって、その悩みを聞き、共に悩み、共に考え、理解してくれる人がいてくれることが、どんなに心強いことかという気がします。

悩みごとの内容にもよりますが、悩み苦しみに沈んでいるさなかにあるとき、励ましとかお説教とかを聞くのは、わずらわしく、かえってつらい思いにさせられてしまうこともあるものです。

ずいぶんむかしのことですが、病気がちのある老婦人が、「家の者にいつも迷惑をかけて申しわけない。もうこれ以上生きるのがつらい。早く死にたい、早く死にたい」という悩みとも愚痴《ぐち》ともつかぬことを訴えてきたことがありました。むかしから「死にたい、死にたい」という人が自分で死んだ人はいない、ということを聞かされていたし、これはよくいう、年寄りの愚痴話なのだというくらいに、わたしはこの婦人の話を聞いていました。

だからわたしは、この婦人に対して、偉そうに「人が生きるということは、だれでも苦しいものである。あのお釈迦さまでさえ、生老病死の人生苦に悩まれたのだから」と励まし諭し、生きることの意義やいのちの尊さ、そして人は生きる義務はあっても死ぬ権利はないのだから、苦しくても、つらくても、生きていかなければならないのだという、お説教じみたことをいって聞かせたことがありました。

若気のいたりとはいえ、わたしはなんと心ない無慈悲なことをいってしまったのかと、悔やまれてなりません。かの老婦人は、よほどつらかったのか、数日後、みずからのいのちを絶ってしまわれたのです。七十年、八十年という長い人生を、一生懸命生きてきた人です。もう人生の辛苦《しんく》を知りつくし、それでもなおかつ悩み、耐えがたい苦しみのどん底に沈んでいるときだったのです。

そのぎりぎりのときに「つらくてもがんばれ、しんぼうだ」と励まし諭したことは、なんとも残酷なことだったのです。もうがまんの限界を超えて、プッツンです。さんざん悩んで、悩んで、悩みぬいた、そんなときというのは、どんなお説教や励ましよりも、ただ黙って心の苦しみの叫びを、じっと聞くだけでよかったのです。そして、その悩み苦しみの思いをくみ、共に悩み、共に苦しみを分かちあえる、よき理解者になることだったのです。

もう、なにもことばはいらない。苦衷《くちゅう》を察し、心のなかで黙って祈らせていただくだけでよかったのです。

人生に悩みはつきものです。悩みなき人は、一人もいないかもしれません。大人には大人の悩みがあり、子どもには子どもなりの大きな悩みをかかえて苦しんでいるにちがいありません。

かつての阪神大震災のときのショックから精神的不安や悩みをいだく人が多く、心のケア（介護、お世話）が叫ばれました。突然の大地震で、茫然自失、家を失い家族を失った人たち、そしてなお恐怖心はぬけず、夜も眠れない状態の人たちに必要なのは、励ましやお説教や諭しではありませんでした。

急激なショックで、心のなかは混乱状態のままでどうすることもできず、じっと耐えておられる人たちです。もう、こちらからなにもいうことはないのです。地震発生直後のようすがどうであったか、地獄図のような現実の恐怖のなかからの脱出のようすを聞かせてもらう、聞いてあげることだけでよかったのです。

わたしも、震災直後にお邪魔虫で被災地に入り、ボランティアのまねごとながらも罹災者《りさいしゃ》たちの恐怖の体験をいろいろ聞かせてもらいました。

あまりにも大きなショッキングな体験、大事なものを失ったことなど、ストレスはいっぱいです。もう自分一人の胸にしまってはおけない、大きな心の傷となっていました。だれかに言いたい、だれかに聞いてもらいたいという思いの人がいっぱいいました。

その思いをくみながら、恐怖のできごとやお身内の安否、心のなかにかかえきれない、さまざまな悩みをかかえておられたのです。それを語らせ、吐き出させるだけでも、心の荷を軽くすることになり、心の傷を癒《いや》す精神的ケアにもなるということでした。

愚痴不平は、仏教では煩悩として、言うことも思うことも好ましいことではありません。しかし、仏教はこの煩悩を否定し排斥はしておりません。「煩悩即菩提《ぼんのうそくぼだい》」といって、煩悩の迷いがあってこそ尊い悟りも得られるからです。

この世でいちばん悩み苦しんだのは、ほかならぬお釈迦さまだったかもしれません。苦悩をもつということは、問題意識をもつということであり、人間の向上にとって大事なことかもしれません。人生の大きな苦悩によってお釈迦さまは修行の道に入られ、難行苦行の結果、お悟りを開かれたわけです。だからこそ仏教があり、その教えによって世の多くの人たちが救われ、安心をいただいているわけです。

現実には凡夫《ぼんぶ》であるわたしたちは、みな煩悩多き人びとであり、むしろ愚痴不平をいだき迷っているのが、ふつうの人間なのかもしれません。だから、迷いのさなかにある人に「迷ってはいけないよ」とか「それは愚痴だからいけないよ」と諭しても、かんたんに迷いから抜けられるものではなく、愚痴不平をなくせるものでもありません。

むしろ、愚痴不平を心のなかにもったまま、さらに心の奥深くに隠されていくだけで、なんの迷いの解決にも救いにもなりません。「飢えたる者にはパンを与えよ」で、まずかんじんなことは、その人の求めていることを理解し、受け入れてやれる心です。お坊さんの悪いクセは、お経の文句や祖師たちのおことばを使って、自分ができもしないことをいい、偉そうにお説教をしたがるという、へんな習性があることです。いや、説教をしたがるのはお坊さんばかりではなく、先生は生徒に、親は子どもに向かい、なにかにつけて文句をいい、いちいちお説教をしてしまうクセのある人も少なくありません。

「うちのお母さんは、わたしの小さな失敗や欠点ばかりをさがしだして、叱ったり怒ってばかりで、わたしがした小さなよいことには気づいてくれないし、よいことをしても、なんにもほめてくれない」とぼやいていた女の子がいましたが、世のなかには、よいことをいい、お説教や文句をいう人は多いですが、黙って聞き、受けとめ、心の叫びを理解してくれる人が少ないように思えてなりません。

どこかで耳にした話ですが、口は一つ、耳は二つあるのは、一つ言ったら二つ聞けということなのだそうです。話し上手は聞き上手ともいいますが、ほんとうの聞き上手は耳で聞くのではなく、心で、そしてまた相手の心の、魂の叫びを聞くことではないかと思います。

最近の親は子どもに甘く、すぐにものを買ってやったりして、たいへん聞き分けのよい親が多くなったといわれています。しかし、ほんとうの子ども声、心の渇《かわ》き、心の叫びの声が聞こえ、その声なき声を聞き分けているでしょうか。

4 祈らざるをえない祈り

先年、大阪の小学校で発生した無差別殺傷事件の被害者をよく知るご婦人からの便りです。

「世の中どうなっているのかしら、腹の立つことばかりです。でも、もっと怖いのは世間の人たちの多くが、凶悪事件に慣れて、皆が対岸の火事のように知らんぷりになっていることが、もっと悲しく怖いことです。それがまた、今回のような事件を起こしやすい土壌になっているように思います」と、他人ごとでなくわがことのように憂えられて、「宗教者の立場から何とかならないものでしょうか?」というお叱りにも似た便りに、わたしはどう答えてよいものか、とまどってしまいました。

たしかに、ご婦人のいわれるとおり、わたしも「世のなか、どうなっているのかしら」と思うこのごろです。こんなことがつづく世のなかを憂え、心が痛みながら、どうしようもないもどかしさと、みずからの非力さを感じざるをえません。

「たとえ善事、善行をなすとも、この世を憂えざるものは善人にあらず」ということばがあります。わたしはすくなからずこの世を憂えているので、自分は善人なんだというつもりはありません。大事なことは、この憂えの心をどう世のなかに向け生かしていくかだと思います。

このごろ、悲しい事件が多すぎる気がします。しかし、わたしはこの世を憂えても、けっして愁えはしていません。なぜなら、この世のなかには正義があり、この世を憂え、なんとかよくしていこうという方たちが、いっぱいおられます。人の痛みをわがことのように感じる多くの善人がおられ、よき隣人の存在があるという事実に目を向けるとき、絶望的材料以上の希望があります。この世のなかには、まだまだいっぱいやさしさがあり、ぬくもりがあり、美しいことがらを見ることができるし、幸せを感じることができます。そして、みんなが絶望的な思いでなく、将来にも希望をいだくことができ、その自由が許される世のなかであることにおいて、悲観や愁え以上のものを感じるからです。

便りをくださったご婦人のように、身近な人の不幸は、だれでも無関係の人より深く悲しみが感じられ、心を痛めるということは当然のことでしょう。しかし無関係だから、だれもが他人ごと、対岸の火事として無関心で知らんぷりしているようにみえても、みながみな、無関心で冷たいなどと思うのは、いささか皮相的見方のように思えます。対岸の火事を見て、どうしようもないいらだち、なにもしてやれない思いでいる多くの善人たちがいることに気づいてほしいものです。だから、一見、無関心に見えても、冷たいという批判的な目を向けることには、わたしは同調できません。人にはそれぞれ、よいも悪いも分限があり、地域性があり、みんなが対岸の火事にまで深くかかわったり、力を及ぼすことはできるものではありません。

もう人びとの記憶から遠くなりつつある、平成七年一月の阪神大震災のときのことです。そのとき、連日、テレビや新聞が伝える惨状のニュースに、仏教者としてのわたしはじっとしておれず、ボランティアの参加のつもりで、自転車を折りたたんで飛行機に乗り、大阪から西宮、神戸へと走ったことがありました。震災直後のこと、まだ消防車や救急車がサイレンを鳴らして走り回り、上空には救援のヘリコプターが飛び交い、救助の自衛隊のトラックが重い荷を積んでうなり、まるで戦後の灰色の一時期を思わせる状態です。わたしは理性を失い、興奮状態で、誘いこまれるように、ひび割れたデコボコ道の市街にペダルを踏み出しました。まだ、電気も水道も寸断からまだ復旧していないときで、夜は大阪に戻り宿をとりました。

そのとき、被災者たちの多くが、真冬の公園でのテント暮らしや学校の体育館での避難生活でした。簡易風呂には寒風のなか、順番待ちの行列ができていました。その被災現場から車で三〇分あまりの大阪の市街地では、各所に被災者を見舞う立て看板はあるものの、街中はネオンが煌々《こうこう》と輝き、デパートではバーゲンがあり、スキーツアーの募集のポスターや、地下食堂街では食い放題、飲み放題の呼びかけがあって、先ほど目にしてきた被災現場のすさまじいばかりの光景とのギャップに驚き、九州からボランティアとばかりに勇んで来たわたしの気負いが、おかしくもありました。

もちろん大阪の街も被災地で、その傷跡は残っていました。でも、目と鼻の先の隣町が沈んでいるのに、平然と経済活動をつづけている大阪の街の状態にあきれるというより、さすがにこれが大阪なんだと、逆にわたしはホッとするとともに、「これでいい、こうでなければいけないんだ」という思いがいたしました。というのも、この大阪の活気あふれる街があるからこそ、神戸、西宮方面の人たちが買い物をして、食事をし、ホッとして帰る人たちの姿に安心感をみたのです。大阪が神戸に同調し、店を閉め自粛していたら、復興への励みはそがれるだろうという気がしました。この明るさがあったからこそ、物流は盛んになり、復興への弾《はず》みがつくのだと感じました。

テレビや新聞で伝えるニュースは、災害の惨状の現場や、救出活動の状況、ボランティアたちの動きの部分を伝えるのみで、被災者自身がいきいきと復興をめざして立ち上がり、動く人たちの燃え沸《わ》きあがるエネルギーや被災地の活気ある空気は、映像にも、ことばにも、なんら伝えきれていなかったようです。

専門の評論家は復興に十年以上かかるといっていましたが、このとき、わたしは神戸の被災地に立ち、人びとの、そのすさまじく燃えるエネルギーとその空気を感じ、「二、三年もしないうちに、〝どこで地震があったの？〟というくらいに復興するよ」と公言していました。

たとえ話が少々とっぴすぎたかもしれませんが、対岸の火事にたいする無関心はいけないとしても、自らの分限以上にできないときはしかたないのです。そういうときは、どうするか？　人はともかく、わたしは祈るしかありません。「神さま、仏さま、お願い」というわけではなく、その人たちをたいせつに思う気持ちが、心配する気持ちが、助けたい、支えになってやりたいという気持ちが、少しでもその人びとの力になるように、歩く一歩ごとにそのことを念じ祈る、それしかわたしにはないのです。それは少々きざっぽく見え、また「ただの自己満足だ」といわれるかもしれません。たしかに、その行為はほんとうはなんの役にも立っていないかもしれないのです。

気丈な人はよく「祈ってなんになるか？」といわれますが、そのとおり祈りが力になっているとは証明できかねるからです。たしかに、祈って祈って祈っても、ついにそれがききとどけられなかった例は、人の歴史のなかで、そしてわが信仰生活においても、枚挙にいとまがないのです。

だけど、わたしは経験として知っています。ふだんは宗教や信仰などの精神世界に関心がなく、むしろ眉をひそめて足を踏み入れなかった人が、わが愛する人や身近な人が亡くなれば、自然と目を伏せ手を合わせている姿を見ます。「祈ったって聞きとどけられない」と、理性や意識の面ではそう思っているのに、人はなぜ祈るのか。それは、祈りが自然な人間の本態的姿であるからではないかと思います。たとえ、自力を尊ぶ禅宗の力量をそなえた祖師方でさえ、信心深く、祈りへの敬虔《けいけん》さが自然ににじみ出ているのを感じます。

さらにいえば、物質的な、直接的な接触がないからといって、思いが「存在しない」のではなく、また「目に見えない」から「ない」わけでもないはずです。人はだれでも、心の奥底に祈りの心を眠らせているにちがいありません。「そんな眠れる人びとの、やさしい祈りの本態的心を揺り覚まさせてやれるといいなぁ」といつも思います。やさしい祈りがひとつふえれば、まさに「一隅《いちぐう》を照らす灯明」となることでしょう。

ただ、だれかのために祈るのはよいのですが、その祈りの対象者が神の認識もなく、祈りを受け入れる心のない人であるばあいなど、たんにかわいそうだから、気の毒だからという人情的好意であっても、「祈り、願う」ことは神をわずらわせることであり、神のご加護をいただくことは、ある面、神への借金をするようなものだから、安易にお頼みし、願う祈りは慎むべきではないかと説く人もいます。

たしかに、ご祈禱《きとう》的な祈りのほか、病気平癒・安産祈願・合格祈願・必勝祈願、さまざまな祈りの内容があり、切実であればまた、お百度を踏み、あるいは断食や茶断ち水断ちしての神仏へ誠をささげて祈る一途な祈願などは、けっして安易な祈りではすませられないはずです。このように、神仏を意識し、神仏を対象としておがみ、祈る以上は当然、神仏に対する姿勢なり礼儀をわきまえるべきであります。

しかし、祈りはかならずしも神仏の存在をあえて意識しない、「神さま、お願い」という意志もない、人間としての自然のままの感情表現としての祈り、つまり人間の本態的な祈りがあってもよいのではないかという気がします。自分自身のことの悲しみ、痛みではなくても、また知人・友人のことにかぎらず、世間で起きるさまざまな不幸なできごと、悲しい事件、世界のあちこちで起きている対立・紛争、自分ではどうしようもない、力の及びようのないことながら、でもわたしは心が痛み、憐《あわ》れみを感じ、悲しく、切なく思うこともあります。

そのやり場のない気持ちをもって「神さま、お願い」とか「仏さま、お願い」なんていえないし、祈れない心の叫びが、だれだってあることでしょう。そのときの純粋な感情から出る自然な祈りこそ、わたしは大事だと思います。

神や仏が聞いてくださらなくったっていい、でもわたしは祈らざるをえない、祈るしかないその祈りのなかに、わが力の及ばない人たちに、かすかでも憐れみの心を向け、その人たちと心の痛みを分かちあいたいという感情表現があるように思うのです。

人がどう思おうとかまわない、人のためなんて恩着せをすることもない、ただわたしは自分が祈りたいから祈り、おがむ。自分の気持ちにたいして、みずからに、祈りおがむ。人の優しさって、そういうものではないでしょうか。「やさしいね」なんて思われなくったって、感じさせなくったって、自分がそうしたいから祈り、おがむのです。こういう日常的祈りというのが、人間にはほんとうは大事な気がします。

5　人生は旅である

わたしは福岡県の中小企業経営者協会主催による各社合同の新入社員研修会に招かれて、坐禅の指導やお話しに行くことが恒例のようになっていました。その研修会は、学生気分を一掃し、企業人の一員としての自覚と責任と意欲を養成するための集中猛特訓なのです。

わたしはこういう七、八十名の集団を一か所に缶詰状態にしてやる特訓、集団教育によって没個性的な企業戦士に仕立て上げるやり方はあまり好きではありません。しかし、組織的活動が求められる企業にあっては、やはり学生時代に身につけえていない企業人としてのルールや、ものごとへのとりくみ方や、社会のきびしさを教えなければ、社員としては役に立たないという事情からの研修会なのでしょう。

そのためのひとつとしての精神修養のつもりか、毎回かならず、朝・晩には坐禅の時間が組まれています。企業の目的はどうであれ、わたしは禅者の立場として、坐禅の意義や自己の心をみつめることのたいせつさや、警策《けいさく》（励ましのための叩《たた》き棒）で叩きながら、励ましおがみあうことのたいせつさを身につけてもらい、日常生活に生かしてもらいたいという願いで指導してきたつもりです。

けっして没個性化的なガンバレ、ガンバロー的なしごきの坐禅でなく、み仏からいただいた自分だけにしかない、個性豊かな自己を発見し、自信と勇気を身につける禅への道の第一歩としてもらえればよいとの思いなのです。

「人生は旅である」とはよくいわれることですが、わたしも人生とは「自己発見の旅である」と思っています。「自分とは何か？」これは己事《こじ》究明《きゅうめい》といい、わたしども禅宗の修行目的のひとつであります。

自分は自分、俺《おれ》は俺とはいっても、その俺とはなにか。「わたしは埜村《のむら》要道である」といっても、埜村というのはわたしの名前であって、わたしそのものではありません。わたしは男だ、わたしは坊さんだ、わたしは承福寺住職だといっても、それはわたしの立場や肩書きであり、わたしそのものではありません。いくらわたしというなにかを並べてみても、けっきょく、わたしそのもの、これが自分だといいうるものは、なにもありません。「本来無一物《ほんらいむいちもつ》」といわれるごとく、わたしのもの、俺のものと思っているすべてのものは、自分でつくったものはなにひとつなく、自分のお金で買ったという自分のお金も、国家が管理する天下のまわりもので、縁あってたまたま自分の手にまわってきて、自分が所有しているにすぎません。自分のものと思っているものも、じつはなにひとつとして自分のものではなく、自分のいのちそのものさえ、親を縁として神仏よりいただいたいのちであり、大自然のおかげで生かされているいのちなのです。自分のいのちは自分のものではなく、神仏のさずかりもの、賜わりものであります。

先般、傘寿《さんじゅ》を迎える方がおまいりのおり、「自分は戦地で何度も死にさらされたり、今日まで心臓の病気をもちながら生きてこられたことが不思議な気がします。自分の力ではどうすることもできない運命のめぐりあわせであり、大いなるものに護られ、生かしていただいたとしかいいようがありません」としみじみと語っていかれましたが、まさに人生の辛苦《しんく》をなめ、心底から体得した人のことばとしての重みを感じました。

大自然の恵み、神仏によって生かされているという、そういう自分であることをただ頭のなか、理屈で理解しなっとくしているだけでお説教するわたしのことばの何十倍もの重さを感じました。

なるほど、たしかにそうだと知識として理解しえても、わたしたちにはさまざまな欲望があり、ものごとへの執着心があって、自我・我欲を簡単に捨てえないで、自分自身を見失ってしまっています。禅の教えを説く本の中に、『十牛図《じゅうぎゅうず》』という本があります。悟りを牛にたとえて、牛をさがしに旅へ出、牛を見つけて飼いならし、自分のものとする物語ですが、わたしたちの人生も、長い生涯をかけて見失った本来の自己をさがし、発見する旅なのではないかと思います。

自分のことは自分がいちばん知っているはずなのに、じつは案外、自分というものについて自分がいちばん知らないことが多いものです。自分が思っている自分と、人が見ている自分とはまったくちがうことがあり、意外な評価のされ方をされていることだって少なくありません。

かなり前の『日経新聞』のコラム欄に「こわい話」という題で、トマト銀行社長が

「ものを買ってくるのは自分を買ってくるようなものだ。たとえば、ネクタイ一本買ってくるにしても、店員さんの助言を受けながら、知らず知らずのうちに自分の財力、美的センス、趣味やあこがれなどが現われてくる。つまり物を買っているように見えても、結局、自分を買っているのだ」ということが書かれていました。うぅーん、なるほどと思ったのですが、こう考えると自分が身につけているものすべてが自分自身であって、たとえいくら着飾り、化粧しても、そこにもやはり自分の趣味やセンス、また悪くいえばごまかそうとする自分の心が現われているといえるわけです。いってみれば、どんなに着飾っても、すっ裸で大通りを歩いているようなものではないかというわけです。

むかしからよく「四十過ぎたら自分の顔に責任をもて」と聞かされています。責任ある顔とはどんな顔なのかはともかく、いま自分がどんな顔なのか、鏡では写らない自分の顔がどんな顔なのか、もう自分ではわからないでいる人もいるでしょう。

人は自分をごまかし、自分に嘘をつき、いろいろ飾り、化粧し、知識や理論で武装し、かっこうをつけたりするうちに、いったいどれがほんとうの自分なのか、自分で自分がわからなくなって、自分を見失ってしまった人もいるかもしれません。

だからこそ、その見失った自分、神仏からいただいた、汚れなき純なる自分の本性、仏性というものを見つけ、輝き出させることが必要だと思います。そのための手段のひとつが、坐禅であるわけです。

坐禅の「坐」という字は、土（大地）の上に人と人が向きあっている形からできています。人と人との対話の姿です。その人というのは、まず自分と別なる自分との対話です。それはすなわち、反省、内省、思惟し、自己をみつめ、自己を掘り下げ、深みある自分をつくることだといえます。禅とは禅那思惟行《ぜんなしゆいぎょう》ともいわれ、深く思惟することがたいせつなのです。

第二は、自分以外の人との対話です。自分というものを第三者の他人によって客観的に見てもらったり、ほかの人の意見を聞き、幅広い自分をつくるための対話です。対話ということは、自分の考えや意見をいうだけでなく、人の考え、人の意見も聞くことでなりたちます。「口は一つで、耳は二つあるということは、自分の意見を一ついったら、人の話を二つ聞くためだ」という、おもしろい説教もありますが、人の意見や考えを謙虚に受けとめ、参考にして、自分だけの考えの一人よがりにならないようにしたいものです。

そして第三の対話は、人間を超えた大いなるものとの対話です。神仏の前に、あるいは大自然に己をさらけ出し、自分というものを知ることです。大自然の動きに順応し、自らの力を育て、引き出してもらうことだといえます。

この三つの対話の積極的努力こそ、禅の信仰ではないかと、わたしは思っています。坐禅はけっしてお寺の道場とか本堂とか、静かな特別な場所を選んでしかできないというものではありません。つね日ごろの生活のちょっとした時をみつけ、坐禅の「坐」の字のように自分の心のなかに、己自身と対話し、人と対話し、神仏と対話しながら深く思惟思慮する禅の信仰のなかに、真の自分を発見することができるはずです。

6　幸せは与えられない

人はだれもが幸せでありたいと思い、さらによりよい幸せを願っています。そのための自分の努力は当然として、神仏への祈りによる幸福の追求も少なくありません。これが信仰であるかどうかは別にして、わたしたちが信仰をするというとき、神仏におがんだり祈ったりする行為はつきものです。

ところが、一般におがむといった場合、そのおがみの内容というのは、家内安全・健康長寿・病気平癒・合格祈願・縁結び縁切り・安産福子等々さまざまです。しかし、どれもこれも「よろしくたのみます」「お守りください」「お願いします」というように、自分の願い、あるいは自分に関係する人たちにたいする幸せを願うことがほとんどです。

ところが、仏教の信仰とは本来、このような願いごとやたのみごとをするために祈ったりおがんだりする行為ではないはずです。仏陀のことばのなかに、「幸せは祈り願って与えられずにあらず、幸せは与えられる資格者にのみ与えられるなり」というのがあります。

わたしたち日本人の多くには、深く考えることなく、神さまや仏さまはわたしたちの願いごと、たのみごとの祈りを聞いてくださるもの、という思いこみがあるのかもしれません。しかし仏教の信仰は、わたしたちが仏さまの願いを聞き、その願いに応えていくことなんだということです。

では仏さまは、このわたしたちになにを願われているのでしょうか。仏さまは、わたしたち人間に八万四千の法門といわれるほどのたくさんの教えをお説きくださっています。仏さまの教えというのは、あのお経の文字からして、難解で、漢字で埋めつくされて、見るからにとっつきにくく、敬遠されてしまいがちです。たしかに、毎日読経しているわたし自身も、その内容をすべて理解してお唱えしているというわけではないからです。しかし、これは永年にわたって形づくられた伝統的仏教の信仰形態であり、経文の文字そのものの意味を超えて、仏の世界に通じる呪文としての意義がありようます。だから、意味を知らずの読経が、けっして無意義だというものではありません。

ただ、その難解で敬遠されがちな八万四千の経典の教えというのは、要は人が人として正しい道を歩み、正しい生き方をしてよりよき人間として向上するための、理論と方法とその解説が述べられているだけだと思えば、仏さまの教えとは決してむずかしいものではないのです。

仏さまの願いというのは、わたしたちが心ゆたかなりっぱな人間となり、争いのない平和な社会、すなわちこの世を地上の楽園、仏国土とすることなのです。だから信仰とは、ただ自分一人の幸せのための祈りや願いごとをするのでなく、またあの世に極楽を求めることでもなく、仏さまの願いであるこの世のため人のための幸せを願い、みずから行ないほどこしていく精進努力こそ大事なのです。

7　旅の恥はかき捨て心理

「あの人は、酒を飲んだら人が変わる」といわれる人がよくいます。酒のみのクセとして「笑い上戸《じょうご》」「泣き上戸」「怒り上戸」などといわれるように、酒が入るとふだんの人がらとはまるで別人のように性格が変わってしまう人が、けっこういるものです。酒に呑まれ理性をなくし、己を失って大失敗した話もよく聞くことです。

それと、もうひとつ危険で、ほんとうに困るのは「ハンドルを握ったら人が変わる」という人たちです。いつもは見るからに温厚な人なのに、ハンドルを握ったら、おやおやと思うほどにスピードを出したり、無暴なとも思われる追いぬきや割りこみをしたり、いらだつような態度で運転する人がいるものです。横に乗せてもらってハラハラし、とまどうことも少なくありません。ふだんはかわいく、やさしい顔をされている人なのに、ハンドルを握るとことばまで乱暴になってしまう人を見て、人のこころとはなかなか理解しがたいものだと考えさせられてしまいます。

とはいえ、そういうわたし自身も人ごとでなく、すくなからずその傾向にあり、「承福寺の和尚は、かなりのスピード狂だよ」という和尚仲間のウワサがあることを知らされ、われながらびっくりしたことがあります。

「いや、そんなことはないよ」とあわててそのウワサを否定したものの、自分の知らないうちに、ちゃんと人は見ているものなのだと感心させられました。

というのは、なるほどたしかに過去にはなんどかスピードの取り締まりにかかり、高い罰金を支払ったり、免許停止という貴重な経験もさせてもらったことがあるからです。自分では気づかず、無意識にスピードを出しすぎたり、無暴運転をしていました。もう今は自覚し、意識もし、自重している成果で、安全運転者のマル優印のステッカーをもらっています。

しかし、人はハンドルを握ると、なぜ人格まで変わったようになるのでしょうか?

ひとつの原因として、車は運転者の能力、実力にかかわらず、スピードを出したり、自分の意のままにあやつれる従順な道具であるため、そのハンドルを握るうちに、それがまるで自分の能力、実力のような錯覚におちいり、己を失ってしまう人がいるということです。

さらに、人は平素は社会の道徳や規則のなかにいて、けっこう人の目を気にして、がまんしたり、理性をはたらかせてみずからを規制し、コントロールしながら生活しています。ところが酒に酔えば、その理性のはたらきがにぶって、その人の本性がもろに出て、ふだんとちがった人格になるといえます。でも、車に乗りハンドルを握ったからといって、酒酔いのように理性のはたらきがにぶるとは考えられません。しかし、錯覚によって己を失う結果、人が変わったようになるのでしょう。

たしかに、走る車のなかというのは小さな密室であり、走っている以上、日ごろ気にするまわりの目を気にすることも少なく、まるで変装して歩いているように、心は大胆になりやすいともいえます。人に見られても、まわりの人は知らない人ばかりとなれば「旅の恥は掻《か》き捨て」の心理状況となり、その人の本性、人間性そのものが如実に出てしまうのかもしれません。

ハンドルを握れば人が変わる人というのは、けっきょく、本来その人は裏表の性格をもつ人であり、自己中心的で、社会性の乏しい人なのだともいえるでしょう。

たかが車に乗っただけで、酒を呑んだだけで人格まで失ってしまうというのは、情けない気がします。人はだれしも、そういう心を多少なりとももっているのかもしれませんが、そういう心をもつ己であることを自覚し、謙虚に暮らしたいものだと思います。

己を知るというのは、禅門の修行の命題のひとつです。己をよく知り、どんな状況におかれても、心も人格も変わらない不動の心を養いたいものです。

8　中道精神のすすめ

大相撲名古屋場所で六度目の大関取りをめざしていた地元出身の力士が、プレッシャーにつぶされたように調子が出ず、またしても失敗したことがありました。逆に、場所前はまったく騒がれもせず、ほとんど期待されていなかった関取が、なんのプレッシャーもなく、みるみる星を重ねてどうどうたる優勝をとげ、大関昇進まで果たしてしまいました。地元の大関を期待していた多くのファンは、少々失望させられたものです。

わたしもいささかの期待はずれではありましたが、かんじんのときにその力が出せず、情けない思いをいちばん味わっているのは力士本人で、むしろかわいそうでお気の毒に思えました。

期待の大きさは、逆に力士にとっては想像以上の精神的重圧をせおわされることなのかもしれません。綱取りの大関が、実力的にはもう十分といわれ、二度、三度と横

綱をめざしながらプレッシャーに負け、けっきょく綱に届かず、消えていった関取が幾人もいました。また、オリンピック代表選手で金メダル確実と期待されながら、本番では実力を発揮できず、悔やし涙を流した選手も少なくありません。

とくに日本人は精神的にモロく、全体的にこのプレッシャーに弱いということがいわれています。わたしは、それは日本人独得の生真面目さ、一生懸命さ、完全主義のあまり、ゆとりを失い、過度の緊張と力みによってパワーホルモン（ベータエンドルフィンという）の分泌を抑制してしまうからではないかという体験的生理学説（これはもちろん自己流の学説です）をもっています。

体験的というのは大げさですが、わたしは十数回のトライアスロン大会や、幾度かのフルマラソン大会に出場して、体力以上に精神的な面、また心理的要素によってその結果が大きく左右されるということを、素人ながら経験しています。

わたしは以前から、「いい加減のすすめ」ということを説いてきました。「完全主義よりいい加減がいい」というのは、完全主義のまじめ人間は、ゆとりの心がもちにくく、細かいところにとらわれて、リラックス状態に入りづらく、けっきょく、体力的にも精神的にも十全の力が出せずに、せっかくの能力や実力が発揮できないというわけです。

ただし、いい加減がいいといっても、いわゆるデタラメとか、中途半端とか、投げやりないい加減さの意味ではありません。わたしがいう「いい加減」とは、ほどよい加減、ちょうどよい加減ということで、仏教的立場でいう「中道《ちゅうどう》」であり、儒教的には「中庸《ちゅうよう》」の精神であります。

精神科医で著述家の斎藤茂太先生は、「人生八〇パーセント主義」ということを提唱されています。ずいぶんむかし、アルコール中毒患者への対応について指導を仰ぐために、新宿のご自宅を訪ねたことがありますが、そのとき気さくに応対してくださり、先生のお話のなかに、わたしがいう「いい加減のすすめ」と一致する面があり、わが自己流の所説にいささか自信を得たものでした。ただ、そのとき初めて斎藤先生が詩人の斎藤茂吉のご子息であることを知り、予備知識もなく訪ねたバツの悪さを感じたものでした。

「八〇パーセント主義」というのは完全主義に対してのものであり、完全主義の人というのは欲ばって一〇〇パーセントを望むものです。ところが、現実にはいつも一〇〇パーセントすべて満たされることなど、まずありえないことでしょう。一〇〇パーセントを望み、仮に九〇パーセントを達成したとしても、あと一〇パーセントとどかなかったという不満が残るのです。

わたしは試験などで、いまだかつて一〇〇点をとったという記憶が、ほとんどありません。いつも平均点以下でしたから、もしわたしが仮に一〇〇点でも九〇点でもとろうものなら、それこそ上出来、まさに奇跡が起きたぐらいの珍しいことです。それがほんとうのことであれば、わたしはもう有頂天《うちょうてん》になって大喜びをしてしまうことでしょう。

ところが完全主義の人は、つねに一〇〇パーセントや一〇〇点満点を求めるために、九〇点や九〇パーセントでは満足できず、つねに満たされない気持ちで過ごさねばならないことでしょう。

しかし、八〇パーセントで十分だという考えで気楽に構え、リラックス状態で事にあたれば、思いのほか好結果が出て、実力以上の成果を得やすいものです。その結果が、かりに一〇〇パーセントとか九〇パーセントの結果が出れば、これはもう目標以上ですから大満足で、大喜びのはずです。

また、そういう考えでいる人というのは、たとえ八〇パーセント以下の七〇パーセントで終わっても、もともと八〇パーセント主義なのですから、目標にはとどかなかったとしても、「まぁ、そこそこの成果をあげられたのだから」とか「こんな条件のなかで、よくがんばったものだ」という柔軟な考えや臨機応変の対応ができやすいタイプのようです。だから、この考えの人はどんな結果であれ、ほどほどの満足をえて、不満を残すことも少ないのではないかと思います。

ところが完全主義の人は、この寛容さや柔軟さより、結果に満足できず自己を責めたり、ときには他を責めたり不満を持ちやすいという傾向があるように思えます。しかし、その完全をめざし、少しの妥協も許さないといったきびしさがあるゆえに、このタイプの人のなかには、才能しだいでは大記録を打ち立てるとか、すばらしい作品を生み出すということもあるようです。

この点、八〇パーセント主義では、どうしても自己へのきびしさに欠けたり、ものごとへのとりくみにも甘くなりがちです。そこに、八〇パーセント主義の欠点があります。

このように、八〇パーセントでも、完全主義でも、一長一短がありました。やはり、お釈迦さまが説かれた中道の精神こそ、もっともすぐれたあり方のようです。そして、この中道の精神のわたし流の解釈としての「いい加減のすすめ」なのです。「いい加減のすすめ」はやさしそうな気がしますが、ほんとうに「ほどのよい加減」というのは、けっこうむずかしいことで、いっそうの心の修行がいりそうです。

9　我慢は我を張る迷い

無理をすれば体によくない、こんなことはだれもがわかっていることで、人にいわれるまでもないことです。「風邪は万病のもとというから、無理せず早く休みなさい」などと人には注意するわたしでも、いざ自分のこととなると、風邪気味で少々の熱があっても、けっして休むことをしないのが現実です。けっきょくこじらせて、何か月もグズグズと風邪とつきあうことになります。

「仕事が忙しい」「約束がある」「締め切りに追われて休んでいるばあいじゃない」など、いろんな理由がだれにでもあるものです。

世間のしがらみのなかで生きている以上、ある面、しかたがないといえなくもないことですが、その無理もばあいによっては、気づいたときにはもうとりかえしのつかない事態になっていたということも多いものです。いや、その「気づいたとき」ということさえないかもしれない……などということを、ちょっと考えさせられることがありました。

「痛みどめをください」——虫歯の痛みに耐えかねて、通りすがりの薬局にかけこみました。

「そんなに痛む前に、どうして歯医者さんに行かなかったの？」と、店のオバさんに叱られてしまいました。

「ハイ、すみません」——なんで客のわたしがあやまらなければならないのかとの思いもありましたが、弁解のしようもないのです。

三年も前から虫歯が悪く、早く歯医者へ行かねばとの思いでいたのですが、なにぶんにも「めんどうくさい」「待たされる時間がもったいない」「あの、ジャーンという製材所のような音を口の中でさせられるのは不気味だ」「他人に口のなかをのぞき込まれるのは、なおいやだ。口の奥から喉《のど》ごしに、心の中までのぞき見されるような気もする」などという屁理屈をならべて、歯科院行きの時間かせぎをしてきたのです。

だが、ついに歯痛で眠れない日がつづき、ガマンの限界に達してしまったのです。

子どもでもない、自分のことであるから、どうするかはすべて自分で決めればよいのですが、こと自分の体のことについては、ころばぬ先のつえがつけず、ころんで痛いめにあわないとわからないような人が、自分以外にもけっこう多いものです。

体に無理をするのも、屁理屈をならべてがまんするのも、けっきょく頑固・頑迷な性格の人間のような気がします。無理をおして、体をぎせいにしてまでがんばるのは、一見、尊い行為にも見えます。しかし、がんばりも度が過ぎれば「我を張る」「我見我慢」という迷業《めいごう》にも通じることになります。

素直に人の忠告をきけなかったり、また傲慢《ごうまん》な面もあります。お釈迦さまが説かれた、人としての正しいあり方である中道を心がけたいものです。頑迷・やせ我慢のために、まだ若者のつもりのわたしの歯は、もうガタガタになってしまいました。

10　恨みの種まき

わたしはかなり記憶力が劣り、そのうえもの忘れをよくします。老化現象というより、生来の性質なのか、人の顔をすぐ忘れてしまうことが多く、たいへん困ることがしばしばです。

あるとき、バスのなかで一人の美人顔のご婦人と顔を見合わせました。どこかで見た顔のような気もするのですが、わたしにはそんな美人の知りあいはなく、まったく心あたりもありません。それで、さりげなく目をそらして通りすぎ、そのご婦人の後方の空席に座りました。というのも、いくら美人だといっても、坊さんが見ず知らずのご婦人に見惚《みと》れて、バスのなかでころんだとあっては、もの笑いの種ですから。

ところが、ある家の法事の席に参列していた顔見知りの人が、「うちの女房が先日、バスのなかで和尚さんにあいさつしようとしたら、ぷいと無視されてしまったと、怒っていましたよ」というのです。「えー、いつですか?」「ああ、あのときのご婦人が奥さんだったんですか。それはそれは失礼いたしました。うっかりおみそれしてしまって申しわけない。よろしくあやまっとってください」と弁解したものの、わたしはそのご婦人とはなにかの席で知人同席のおりに会ったことがあるのかもしれませんが、特別親しくことばを交わした記憶もなく、顔を憶えるほどの接し方をした覚えもないのです。ただ、そういわれればどこかで会ったような気もする、といった程度の記憶なのです。それとも、わたし自身にもう痴呆症状が出ているのかもしれませんが、自分ではそうではないと思うので、たぶん、わたしは僧衣という特殊なかっこうと、テカテカに剃《そ》った頭と、特徴あるおもしろい顔立ちですから、「あれは承福寺の和尚さんだ」とすぐに憶えていただけるのかもしれません。

しかしわたしのほうは、何軒もある檀家の法事に参列される大勢の親類の方々のすべてを記憶できるほど頭はよくないのです。その席だけの顔見知りで終わることが多く、そんな席のお一人が、彼の奥さんだったのかもしれません。わたしは別に、悪気があって知らんぷりや無視をしたわけでは、けっしてないのです。だが、事実として人に不愉快な思いをさせ、感情的怒りをかう結果にいたったのです。

人は知らず知らずに業をつくっているものだとはいわれますが、なるほどたしかにそのとおりなんだと、つくづく思わされました。誤解とはいえ、そのご婦人にとって、わたしはわが夫の知人であり、自分も会ったこともあり、多少は顔見知りの和尚さんです。気にくわぬ顔でも知らんぷりできないから、ここはあいさつをしておきましょうと、和尚の近づいて来るのを待っていたら、その和尚は自分の顔を見ながら、ぷいと顔をそらして通りすぎてしまったのです。なんたることか、せっかくこちらがあいさつの顔をつくって、さああいさつしようかというときに、ぷっとそっぽを向かれてしまったのですから、その顔のもっていきどころがありません。「なんて失礼な人だろう」という気になるのは当然です。無視されたくやしさは、やがて怒りに変わります。

「和尚のクセに礼儀も知らないのか、笑顔でほどこしをする無財施をお説教しながら、自分ができていないじゃないか。いなか坊主のクセに偉そうにして、頭を下げる道も知らないのか。まったくみそこなった和尚だ」と思われたかどうかは知りませんが、その奥さんはたぶん、それに近い悪感情をいだき、ご主人に愚痴られたことでしょう。まことに申しわけないことで、わたしはただただ謝り、お許しを願う以外にありません。

　不徳のいたすところといっても、それはただの弁解でしかなく、人の自尊心を傷つけ怒りの心を起こさせてしまったのですから、これはもうわたしの非を認めざるをえません。それはわたしのもの覚えの悪さ、すぐ忘れてしまういい加減さが原因だからです。そういう自分の欠点があることを自覚し、どんな場面でも、どんな人にも心を配り、失礼のない顔で接する心が欠けていたのです。

「わたしはなんにも悪いことをしていない。人にうらまれるようなこともしていない」と開きなおる人がよくいますが、仏教でいう悪い行ないとは、たんに法律にふれ、道徳に反する行為だけでなく、いわゆる悪業のことであります。身（からだ）・口（ことば）・意（こころ）の三業といわれるように、身体をつかって行なう悪い行為による罪業があります。

　身体をつかって行なう悪業は気づきやすいですが、ことばでつくる悪業は案外気づかないことが多いものです。嘘や人の悪口のほかに、なにげなく用いた不用意なことばによって不快感を与えるばかりか、人は深く傷ついたり、怒りを覚えたりするものです。

さらに、心でつくる罪業としては、自らの怒りの心、むさぼりの心、邪見というようこしまな考えによって自らの迷いを深め、ほかの人を惑《まど》わすことがけっこう多いものです。悪業といっても、ことばや想念によってつくる悪業は、法律にふれるような悪ではなくても、自らの心を汚し、人に悪感情を抱かせやすいものです。不平不満の心によって、人をうらんだり、のろったりして、雪ダルマのように罪業を大きくしていくことも少なくないのです。心による悪業は、自分がそれを悪いという意識がないまま他人に悪影響を及ぼしてしまいます。

ですから、「わたしはなんにも悪いことをしていない」などといって自慢すべきではなく、知らず知らずにつくってしまうものだという謙虚な気持ちでいないと、迷いは深まるばかりです。

仏さまは、つねに反省し、懺悔《さんげ》の生活を忘れてはならないと教えられています。バスのなかでわたしに無視されたと怒ったご婦人は、自らの心を汚しながらわたしにそのことを教えてくれたと、わたしは彼女にお詫びとともに感謝しなければならないとさえ思いました。

11　あの世に持っていけるもの

人生は豊かで幸福でありたいとは、だれもが願うことかもしれません。貧乏よりも、富めるほうがよいと思うのがふつうです。テレビ番組で「今いちばんほしいものは?」という問いかけに「お金」と答えた人が圧倒的に多かったというのは、物欲社会の当然の結果なのだといえましょう。だが、物質的に富めることが幸せであるとはかぎりません。こんなことをいうと、巨財を手にしたことがない者の僻《ひが》みになりそうですが、ただたんにお金をたくさん得ることで、かならず幸福になれるというものでもないはずです。しかし、多くの人びとには、金持ち＝裕福＝幸せという思いこみがあるのかもしれません。

たしかに、お金がなくては困りますが、お金のための人生、お金に使われる奴隷的人生であってはならないはずです。たとえ幾百億の巨財をきずいたとしても、かならずしも幸せや安心の境地を得るとはかぎりません。巨財があるゆえに、かえってその財産を守るために汲々としたり悩む人もいます。またその財産すら、自分が死にゆくときは、一円たりともあの世に持っていくことはできないのです。財産があるゆえに、骨肉相食《は》む醜い財産の奪いあいを目の当たりにすることも、少なからずあります。

経典に「雪山《せっせん》（ヒマラヤの山）を化して黄金となし、さらにそれを二倍にしても、よく一人の欲を満たすことをえず。かく知りて人びとよ、正しく行なえ」と述べられています。この世のものがみんなお金になっても、人はそれでも満足できないでしょう。人間の欲望には限りがありません。その限りない欲望を完全に満たすことは不可能です。しかし、その欲望を満たそうと、人びとは争い、奪いあい、憎しみあい、悩み苦しんでいるのです。

人の幸福とは、物質に満たされることではないようです。

仏教では、人間の欲望として、食欲・性欲・睡眠欲の本能欲のほかに財欲・名誉欲を加えて五欲といいますが、その欲望を清め取りさっていくことが仏道の修行であり、信仰であるといえます。真の幸福とは欲望の充足でなく、神仏とともにあっていかに欲望を捨て、今ある幸せ、今あることに満足し、いかに感謝できるかなのだと思います。

人が死んであの世に持っていけるのは、徳と業だけであることを知るべきでしょう。

12　写経の功徳とはなにか

「京都観光のとき、ある寺ですすめられて写経をしてきました。わけもわからず、ただ文字をなぞってきただけですが、写経ってなにか意味があるんでしょうか」

若いお嬢さんの質問です。

ブームというほどではありませんが、今もあちこちの寺や文化講座でも写経が行なわれているようです。写経の始まりについて詳しくは知りませんが、奈良・薬師寺の建立を発願された天武天皇は、大蔵経の写経をされたとか。また、貴族高位の古い墳墓から納経筒が発掘されていることからも、信仰の証としての写経は古くから行なわれていたことがわかります。

写経で有名なのは、なんといってもわが宗像《むなかた》の地の田島の興聖寺の僧、色定《しきじょう》法師の五千余巻にも及ぶ一筆一切経です。何年かかったのかは知りませんが、膨大な量の一切経の読破さえたいへんなことです。それを書き写すには、もう気も遠くなるほどの時間を要します。それをあえて写し終えたその情熱と根気と努力には、驚嘆し敬服するばかりです。現在、国の重要文化財として宗像大社の宝物館に預けられていて、その一部が展示されています。一字一字丁寧に写しとられた文字から、色定法師の思いが伝わってまいります。

写経はもともと印刷技術のない時代、すべての経典は、口伝えや書き写しによって伝えられ広められたものでした。仏教の普及を国家事業とした奈良時代には、国営の写経所が設けられ、数多くの経典が書き写され、仏教興隆に大きな役割をはたしたものです。

しかしその後、木版などによる印刷技術が進み、大量の複製が可能になったことで、写経は経典の普及のための「蔵経」というより、信仰的意味合いとしての「願経」に変わってきました。経典を一字一字書き写すことにより、経典の功徳に自らが預かろうとする心が信仰心となり、また自らの願いや祈りの気持ちを込めての家内安全・病気平癒・所願成就の写経、その功徳を他に施すことを意図した「為○○霊位菩提」の写経が行なわれるようになってまいりました。

もうそこには、経典を写し複製として手に入れるとか、お経の内容を理解するとかは抜きにして、ただ一心に書き写す一字一字に心を込めて行なうことによって、純心、無心の境地を味わう修行的形態としての写経が行なわれるようになりました。

承福寺では、写経会という形式ではありませんが、毎週木曜日の祈りの集いの後、任意の参加で写経の時間を設けています。写経するお経は宗派によって異なるでしょうが、現在、一般的には『般若心経』か『観音経』が用いられています。それは、いずれも適度の長さで、一枚の紙に収まり、書き上げる時間もほどよく、内容的にもある程度の理解もしやすい手ごろさがあるのかもしれません。枚数を重ねることによる継続もしやすい点で、まことに写経につごうのよい優れたお経だからです。

停年を期して写経を発願し、毎日欠かさず書きつづけて二十年、傘寿《さんじゅ》（八十歳）を無事迎えることができましたと、『般若心経』五千数百枚を寺に納められた方がいます。色定法師の五千余巻の一切経には及ばないまでも、山と積まれた写経から、この方の信念のほどがうかがえます。この方は、もう写経が生活の一部であり、生活の呼吸となり、お経がみずからの体の中から手に伝わり、お経が紙に写し出されるのかもしれません。きっと、大きな写経の功徳をいただかれておられることでしょう。

13 仏壇の買い時

仏壇を買う日はいつがよいか、という問い合わせを受けることがあります。お彼岸とかお盆とか、年忌法要のとき以外のなんでもないときに買うのはよくない、という俗説があるようです。

「和尚さん、あの家は、なんでもないときに仏壇を買われて、すぐに子どもさんが事故にあわれ、ご主人も病気になって入院されたんですよ。やっぱり、そういうことって、よう当たりますねぇ」と、わたしに同調を求めてくる人がいました。

そんなとき、「まあ、そういうこともあるかもしれませんねぇ」といちおうの返事をして、「じゃあ、なぜなんでもないときにお仏壇を買ってはいけないといわれるかを知っていますか?」と、逆に質問をする。もちろん知らないから相談に来たのでしょうから、答えが返ってくるはずもありません。

「なぜ、仏事のときや彼岸のとき以外のなんでもないときに仏壇を買ってはいけないようになったのかというのは、むかし旧暦の時代、大陰暦では閏《うるう》年があり、三年に一回の閏年があって一年が十三か月のときがありました。

人びとは年間の収入は同じでも、余分に一月分の生活費がかかることになり、多くの藩では節約のために、閏年にはぜいたく品や仏壇などの金のかかるものの購入を禁止する〝ぜいたく禁止令〟が出されたということがありました。このように、たしかにむかしはいつでも仏壇を買えないという事実があったようです。その後もその倹約精神は生きて、高価な仏壇などを買うときは、年忌とかお盆の仏事のときにかこつけて買い求めるようになっていったようなのです。そのいつでも買ってはいけないということのみが今日も生き残り、それ以外のときに買えばよくないことがあるというような迷信に結びついた、ということのようです。仏壇そのものに、人の生死や幸不幸を左右する魔力があるものではありませんよ」

といって説明してやり、なっとくをえました。仏壇を置き、仏をまつり、先祖を敬う崇仏敬祖は、むかしからの日本の信仰形態であり、その心は尊ぶべきことです。ところが今日、その崇仏敬祖の念より、先祖からの家の引き継ぎの象徴としての仏壇であっ

たり、子孫として義務的にまつるとか、また仏壇をまつることが家の繁栄や幸せにつながるというような願いがこめられていたり、その逆に、まつり方が悪いと仏罰《ぶつばち》とか先祖の障《さわ》りがある云々とされる傾向が残っています。

そういう恐れや自分のご都合主義が、迷信の存在を許してしまうのです。迷信は、迷信に惑わされる人にのみ存し、またよく当たるものなのです。それは、迷うがゆえにその迷信に引きこまれていくからです。

仏壇を買う買わないは、本来の信仰とは関係ありません。大事なのは、自分自身の神仏に対する心がけです。まず、神仏を敬い帰依《きえ》する心がかんじんです。真の信仰をもっていれば、迷信などに惑わされることはないはずです。ただ仏壇を置き、仏さまをまつり、先祖を敬うことが真の信仰といえるかどうかは疑問です。それは日本の伝統的な信仰形態であり、崇仏敬祖で仏をおがみ、祖先を敬い感謝の気持ちを表わす心は尊ぶべきです。

14　戒名のよしあし

「和尚さま、どうか故人のためにいい戒名をつけてやってください」などと頼まれることがあります。ご遺族の悲しみはいかばかりか、故人にたいして最大のたむけをしたいというご遺族のいつわらざる気持ちからのことでありましょう。

戒名とは本来、仏教徒として仏教の戒律を守り精進を誓って、受戒の儀式を受け、その証として、授戒の師からいただく名前だから戒名というのです。だから、戒名といい法名というのも、いずれも生前につけられるべきもので、死者に戒名というのは、あくまでも便宜的なものです。

ところが今日、一般的には生前に仏教信者としての誓いであるお受戒をしていないので、亡くなって仏式で葬《とむら》うときに、亡者授戒として形なりとも仏門に入信させて戒律を受けさせようというところから、戒名なり法名が死者に贈られることが慣習化したのです。死ねばかならずといっていいほど戒名をつけてとむらうというのが、今日の仏式葬法の形式です。だから、わたしも伝統的仏教寺院に住する以上、この戒名というものを無視するわけにはいかないのです。

とすれば、だれが好きこのんで故人に悪い名前をつけるでしょうか。その人にいちばんふさわしい名を考えて授けるはずです。だから戒名には、よしあしもランクづけも、本来ないはずです。

しかし現実には、世間では「地獄の沙汰《さた》も金次第」とばかりに金銭の多少によって戒名が与えられ、そのよしあしが語られていますが、それは仏の教えにはないことです。いい戒名だからといって、故人があの世でよいところへ行けるというものでもないのです。

人が誕生したとき以来の生前の名前は、親がりっぱになってほしいという願いをもってつけた名前だと思います。そんな親の願いのりっぱな名前の人が、みなりっぱな人になれるとはかぎりません。よい名をもつ極悪非道な犯罪者もいるように、よい戒名だからといって死後によい世界へ行けるというものではありません。死んでから、どのような世界へ行くかは、その人が生きているときに、どんな人生を歩んだかによって決まるのです。

人として正しく生き、りっぱな人生を歩み、悪業を行なわず善行を積み、仏に導かれるに値する生前の精進こそがたいせつなのです。戒名のよしあしなど本来ないのに、ことさら院号だの大居士などとランクづけをし、また字数の多い少ないを云々して値段の格差をつけるのは、仏教精神に反することで、まったく愚かしいことです。そして、そんな戒名をありがたがって高いお金を払って買う人もまた愚かしいのです。


人間国宝だった落語家の柳家小さん師匠が亡くなり、しめやかに葬儀が営まれた旨のテレビ放映がされていました。そのニュースワイドのなかで、小さん師匠の法名にまつわる話が耳に入りました。どんな戒名なり法名であったかは記憶していませんが、その戒名は小さん師匠みずからが生前につけておいたものだということでした。ワイドショーの司会者は「小さん師匠らしい」と、その自前の戒名を用意する周到さをほめあげていましたが、それを耳にしたわたしは、小さん師匠がほんとうに戒名なり法名の意味合いをご存知であったのだろうかと、ふと疑問に思いました。

一般的には、戒名なり法名は死者につけられる名前のように受けとられていますが、じつは戒名とは死んだ人につける名前ではなく、「仏教に入信し、仏教の戒律を守って仏道に精進いたします」という受戒の儀式を受けて、授戒の導師より授けられるべき名前です。法名というものも、仏法で仏教信心の証としての名です。信心もなく、戒律も知らないで、たんに自分が好きな漢字や単語をもっともらしく並べても、本来的にはなんの意味もなく、茶番的であるとさえいえます。

宗教には何教であれ、なんらかの戒（いましめ）と律（規律）があります。キリスト教のモーゼの十戒は有名です。仏教には五戒とか八戒、十重禁戒《じゅうじゅうきんかい》などいろいろありますが、古代インドの仏教教団には二百五十戒、尼僧教団には五百もの戒律があったといいます。何百人もの人びとが集まる社会には、いろいろな問題が起こるものです。その社会秩序を保つためには、規則や罰則としての戒めが必要でした。そこで、戒律が確立されてきたのです。さらに、一般仏教徒の基本的な戒律が、五戒として定められています。日本に戒律を最初にもたらしたのは、中国からの渡来僧、かの鑑真和上であります。

①不殺生戒（ふせっしょうかい）生きものをむやみに殺すことなかれ。

②不偸盗戒（ふちゅうとうかい）盗むことなかれ。

③不邪婬戒（ふじゃいんかい）淫欲にふけることなかれ。
④不妄語戒（ふもうごかい）嘘偽りをいうことなかれ。
⑤不飲酒戒（ふおんじゅかい）自制心を失わせる酒は慎むべし。

こうして「五つの戒め」として並べれば、ごくあたりまえの道徳にすぎませんが、仏教における戒律とは、たんに「殺生してはいけない」とか「盗みをしてはいけない」とかいうことだけではなく、自らの自覚において身をつつしみ、ことばをつつしみ心を慎んで、心身を清浄にして仏に通じ、自らが仏（悟り）の世界へ至るためのものであります。

だから、受戒をし戒名なり法名をもつということは、自ら戒を持し、日常生活のなかに実践していくことがなければならないのです。仏教とは学問として学ぶことではなく、行なうことであり、毎日の生活のなかに生かされてこそ意義があるのだと思います。

3章

人生は成長ありてこそ

1　ボケ封じとコロリ観音

以前、アメリカのレーガン元大統領はマスコミを通じて自らがアルツハイマー病であることを宣言し、その同病の多くの患者とともに温かく見守ってほしいとの旨を述べたことが、日本のテレビや新聞でも報道されて話題となりました。

老年痴呆、いわゆるボケをともなうアルツハイマー病は、今や老齢者やその予備軍の人たちにとってはガンより恐れられている病気かもしれません。痛いとか苦しいということはないとはいえ、まだ原因も定かでなく、治療法も明確になっていないだけに、じわじわとしのび寄り、自らの脳神経を犯し、痴呆化させていくアルツハイマー病は、なんとも不気味にさえ思えます。

ボケの話など、わたしにはまだまだ先のことだと思っていましたが、痴呆症はもはや四十歳代でなる人もいるということで、その年齢を過ぎたわたしなど、人ごとではなくなりました。「まさか、まさか自分がボケるなんて」と思いつつも、そういえばこのごろどうも、もの忘れがひどくなり、檀家さんから頼まれた法事の日をまちがえたり、約束を忘れたり、人の名前が思い出せないとか、お経を忘れてしまったりすることなどが少なくありません。

行事や約束などはきちんと日程表に書き入れているのに、そのメモをうっかり見忘れたり、勘違いをして別の日に行ったり、よその家に入りこんで不審がられてあわてたり、笑われたりすることがしばしばです。もう、ご迷惑にたいしてはまったく弁解のしようもなく、ただひたすらお詫びするほかはありません。

これはボケでなく、わたしのたんなるマヌケのためのうっかりミス、性格のルーズさ、いい加減さの結果にちがいないとは思います。しかし、冷静に自己診断をしてみると、「ひょっとすると、痴呆症の初期症状かな」という疑いもあり、「まさか、まさか自分にかぎって」という自信もぐらついてまいります。

この世は諸行無常《しょぎょうむじょう》、人は生老病死《しょうろうびょうし》の苦悩はまぬがれえず、生死流転《しょうじるてん》の輪廻《りんね》の流れのなかにある身です。当然ながら、いつまでも若くはありえません。「無常迅速《むじょうじんそく》、時《とき》人《ひと》を待たず」とか「光陰矢の如し」といわれるように、またたく間にこの一年は過ぎ、新たなる年を迎えました。

「時間の長さは年齢に逆比例する」という法則がありますが、たしかに「もういくつ寝るとお正月」と歌い、首を長くして時の経過を待った子どものころの時間と、人生の半ばを過ぎたわたしたちとは、時の流れの速さにちがいがあります。

だから祖師先徳たちはみな、一日一刻をムダに過ごすことなく、道に励めと諭されています。むかし、本山大徳寺にいた一休和尚は、正月の朝、どくろ首を竹ざおにかかげて「ご用心！　ご用心」と呼びかけながら京の街をねり歩いたということです。うっかり酒に酔いしれ、正月気分にうかれていると、いつの間にかこうなるよと示されたのでしょう。逸話であり、史実であるかどうかは知りませんが、わたしたちとて、うっかりしているあいだに、忍び寄る死、病、そして気づかぬ間の痴呆症、「ご用心！ご用心」であります。

そんな時代を背景にしてか、わたしが通る町内の道すじに〝ボケ封じ観音〟の大きな広告塔が立っています。長寿社会が生み出した新型の観音さまで、観音像の足もとにすがりつく男女のお年寄り姿は、どう見ても二十数年前から流行した水子地蔵もじりのお年寄り版といった感じです。また、ひところポックリ寺が話題となり、全国あちこちにポックリ寺が誕生したことがありますが、深刻な老人問題の一面を反映した現象でありましょう。

当寺にも、山門をくぐったすぐ右手に観音堂があります。そこには、六臂《ひ》あり、如《にょ》意宝珠《いほうじゅ》を持たれ、衆生の祈願に応じながら、輪宝《りんぽう》を持《じ》して法輪《ほうりん》を転ずる（仏法を広く及ぼす）といわれる如意輪観音菩薩がまつられています。観音信仰の歴史は古く、それぞれの地には観音講《こう》がつくられ、各地には観音霊場があり、今も熱心な信仰がつづいています。

『観音経』も一般的お経としてよく唱えられていますが、観音信仰によるさまざまな功徳が説かれ、ご利益《りやく》の数々が約束されており、また観音霊験記《れいげんき》などもさまざまに伝えられています。

あるとき、当寺観音堂に北九州市から来たという人たち三人が、おこもりをされていました。筑前西国二十番の礼所ですから巡礼の参詣者はけっこうあるのですが、おこもりをされる人は珍しく、お堂の外に楽しそうな声が聞こえて、通りすがりにちょっと顔をのぞかせてもらいました。

すると、「この観音さまは〝おころり〟さまで、お願いすると〝ころり〟と（あの世へ）行かせてくださると聞きましたので、おまいりさせていただきます」と、仲良し三人組は一日、楽しそうにおこもりをされていかれました。「そうですか、ご利益をいただけるといいですね。どうぞごゆっくり！」とはいったものの、日本安楽死協会ご推奨〝おころり観音〟などあるのかどうか知りませんが、どこでどう伝わったのか、住職のわたしが知らぬ間に、〝おころり観音さま〟と名づけられていることに驚いたことがあります。

意の如く願いごとをかなえてくださるという如意輪観音さまのことだから、祈ればなんでも聞きとどけてくださるのだろうという思いなのでしょう。ですから、「ボケないうちに、寝たっきりにならない前に〝ころり〟とあの世へ導いていただきたい」と願うお年寄りたちの切実な気持ちが伝わってまいります。おがまれる観音さまならず、観音さまに給仕するわたしでさえ、「できるものなら、かなえてやりたいものだ」という思いにもなるものです。

その方たちは、たぶん願いが無事ききとどけられて、もう〝ころり〟とあの世へ導かれたのでしょうか。〃ころり〃と導かれたのでしょうから、本人たち自身のお礼まいりができないので、以来その方たちのおこもりもなく、〃ころり〃と行ったおかげの感想を質《たず》ねることもできないのが残念です。

しかし、よその寺の観音さまはいざ知らず、当寺の観音さまにかぎっては、〃ころり死〃を人が願うから、その望みどおりに人の死を早めさせ、安楽死させたり、まだ命ある人を簡単に死なせる殺人的な仏さまではありません。そしてまた、むやみに延命させて、生者必滅の自然の摂理に反した願いにも応じてはくださらないと思います。

如意輪観音の名の、意の如く衆生の苦厄《くやく》を救うという「意の如く」とは、わたしたち衆生が願う祈りや、願いの意（こころ）をなんでもかなえるという衆生側の「意の如く」ではなく、仏さま側の意（みこころ）のことであります。仏は一切の苦厄を度《ど》し（救い）たもうとはいえ、わたしたち衆生の願いが欲であり、煩悩いっぱいの願いであったとすれば、どうして応えてくだされましょうか。わたしたち衆生の煩悩欲から願う、真理・摂理に反することまでもすべて無条件におききとどけくださるほど、仏の世界は甘くはなく、コーヒーのＣＭの〃東京って甘くない〃以上に、むしろホロ苦い、きびしいお示しもあるかもしれません。

たとえば、日ごろ飲み放題、食べ放題の好きかってな、でたらめな生活をしてきて、病気になったり、事業や家庭に問題が起きて、あわてて病気平癒や問題解決を願っても、そうかんたんにご利益を授かれるものではないことくらいは理解できるはずです。

いつも申しあげていることながら、仏教の信仰とは、祈ったり願ったりしてご利益やおかげをいただくことではありません。仏に祈り、仏に誓って、仏の教えを通してわが生き方を反省し、仏のみこころに照らして、わが心、わが霊性を浄《きよ》めながら仏（さとり）の世界に通じていくことであります。

「まずは信心ありて精進ありき」であり、その精進努力の実践のなかに、はじめて神仏への祈りは裏づけをもち、力となって仏の世界へ通じていき、仏のみこころに伝わっていくものであります。よく引用する教えのことばに、「ご加護は祈って得られずにあらず、与えられる資格者にのみ与えられるなり」とあります。信仰とは、願い祈ることでなく、精進し神仏から加護され、おかげをいただける資格者になることだといえます。その資格を得れば、もはやわたしたちが願わずとも、神仏はその人の必要に応じてさまざまなお守り、ご加護をくだされることでしょう。

2　いなか時間のよさ

毎年、年末年始にかけて、交通事故の急激な増加が伝えられています。せっかくの初詣でが悲惨な別れというニュースも珍しくありません。〝せまい日本、そんなに急いでどこへゆく!!〟の交通安全の標語ではありませんが、かくいうわたしも、けっこうスピードを出して運転することが常習化していて、われながら気をつけなければと反省もし、自戒もさせられます。

今はもうやっていないテレビマンガの「一休さん」をわたしはときどき見ていましたが、その途中、コマーシャルにうつる前に「オーイ、一休!!」と仲間が呼びかけると、一休さんは寝そべって「あわてない、あわてない、ひとやすみ、ひとやすみ」というセリフが毎回入っていました。わたしはなぜかこのセリフが好きで、よく心のなかで「あわてない、あわてない」「ひとやすみ、ひとやすみ」とつぶやきながら、ことにあたることがあります。

わたしはけっこうあわてん坊で、せっかちな性格だからでしょう。約束の時間を守らない人や、時間どおりに始まらない、終わらない会合にはイライラし、腹が立ちます。すぐにガタガタ、ガサガサさせたり、ブーイングを出してしまいたくなります。制限時速四〇キロのスピードで走る車のあとにつくと、もうわたしはたまらず、いつチャンスを見つけて追い越すかを考えてしまうせっかちな性格なのです。

時間励行は今や日本の常識、時間をきちんと守れない、時間にルーズな人は、だらしない、いい加減な人のレッテルが貼られ、いなか者と軽蔑される時代です。

しかし、わたしは最近どうも、この時間厳守や時間への厳格さに疑問をいだくようになりました。人はあまりにもこの時間に支配されすぎて、心のゆとりを失っているように思えてきたからです。制限時間を優先させて、審議不十分のままに強行採決をはかる法案や国会決議もありますが、わたしたち自身があまりにも時間に追われ、時間にしばられ、急がされているように思えてなりません。

先日、ある団体の研修のひとつとして、寺で和尚の退屈な話をガマンして聞こうかという依頼に応じていました。午後の時間だったので、午前中はよそへでかけ、ついつい長びいてしまい、あわてて帰らなければなりませんでした。約束の時間を守るために、もう三〇キロ、四〇キロ以上もスピードオーバーです。なんとか約束の時間に戻ったのですが、かんじんの団体の人はまだどなたも来ていません。

待つこと四〇分、やっとみなさんが、車をつらねてやってまいりました。もちろん遅れた事情はあったのでしょうが、そのときわたしは、皮肉なことに腹が立つどころか、ホッとし、うれしいなぁと思ったのです。今までいなか時間に否定的だったわたしは、いなか時間の通じる社会を見なおし、いなか時間のよさを再評価していました。

時間を守るのは当然のことです。しかし、時間を守らなければという意識が強すぎて、人をあわてさせ、人を責めたり、人に責められたりすることも少なくありません。

日本の列車の時刻の正確さは世界に類をみないともいわれ、誇りにさえされています。しかし、一分一秒の時間の狂いも気にしながら運転させなければならないダイヤこそ、外国の人から見ると異常であり、事故が起きないのが不思議なくらいです。

時間の正確さが、文化程度の尺度なのでしょうか。人にはそれぞれ、動きのペースがあります。早い人、ゆっくりな人。早い人は早く来て、ゆっくりの人を待つゆとり。

がまんをして待つのでなく、全体の動きに合わせるおおようさ。ゆっくりの人も、そこそこにきりあげて急いででかける。責めることも責められることもない、それぞれの事情をつつみこんだおおらかで許しあう社会にこそ、いなか時間が生きているといえます。

今の社会では、あいまいや、ほどほどや、そこそこにという考えは敬遠されがちですが、「そんなに急いでどうなるの？　もう少しゆっくり考えましょう」というのも、ひとつの考えです。〝まあまあ〟も〝そこそこに〟もあって、いろんな人たちの考え、生き方のペースを認めあえる社会にしか、いなか時間はなりたたないのです。

ですから、そんないなか時間が許され、生きている社会というのは、ふところが深いゆたかな社会ではないかと思えてなりません。「いなか時間バンザイ」です。

3　聞きまちがいは言い手のそこつ

ある寺の話です。開山五百年にあたり、本山より管長を迎えて遠諱《おんき》法要を行なうことになりました。そこで、老朽化した庫裡《くり》の改築を総代会で決め、業者を呼んで工事内容を説明し、細部にわたって要望を伝えて施工見積書を取りました。その後、費用の交渉をすませて契約を交わし着工しました。

ところが、工事のやり方や材料など、和尚が要望したとおりには工事が行なわれていませんでした。和尚はあわてて業者に文句をいい、工事のやりなおしを求めました。しかし業者はけげんな顔をして、自分たちは施工書どおりにやっているとの返事です。和尚はびっくりして、施工見積書の内容を確認しなおしたところ、なるほど業者のいうとおりでした。

和尚みずからが総代に代わって工事概要を説明し要望も伝えたのですから、施工書

もそのとおりに書かれているとの思いこみがありました。だから細部にわたって確認せず、ただ工事費の値引き交渉のみに目を向け、相当額の値切りに満足して契約を交わしたのです。しかし、業者は業者なりの理解のもとに施工書を書き、見積書を出していたのです。それを和尚は見落とし、自分の要望どおりでなかったことになっとくできず、工事のやりなおしを求めて業者を困らせていました。

そのもめごとを見たご隠居和尚は、「聞きまちがいは言い手の粗忽《そこつ》だ」といって和尚を諭されたというのです。和尚にとってはたしかになっとくしがたいことではあっても、明らかに説明不足で十分に相手に伝わっていなかったわけで、業者は業者としての専門の立場で聞き、その判断で施工書を出したのです。和尚はその施工書の内容を十分確認しなかったという二重ミスを犯しているのですから、ご隠居さんのいうとおり、「(業者の)聞きまちがいは言い手(和尚)の粗忽」ということだとなっとくせざるをえません。

わたしはこの話を聞き、「聞きまちがいは言い手の粗忽」ということばが、やけに印象的でした。ことばというのは、人間にとってなくてはならないものであり、人間同志の意志の伝達、人間社会のコミュニケーションをはかるための、もっともたいせつな形のない道具です。なくてはならないたいせつな道具ではあるのですが、それだけに、このことばの使い方のむずかしさを、あらためて感じさせられもしました。

ある子どもが、母親に「3×3のかけるってどういうこと?」と質ねました。母親は「そんなこと簡単じゃない。3を3回たすことよ」と答えたというのです。すると、その子は「なーんだ。かけることはたすことなのか」となっとくしたようすに、母親は思わずことばがつまってしまったという話を聞きました。その後、母親が子どもに「かける」ということをどう説明したかは知りませんが、ことばというのは便利な道具ではあっても、正確に自分の意志を伝え理解してもらうことは、じつにむずかしいものだと感じたしだいです。

博多の崇福寺《そうふくじ》は臨済宗大徳寺派の中本山で、承福寺の親寺にあたります。崇福寺には三十数か寺の末寺があり、その末寺で組織する「円通会」という檀信徒の集いがあります。崇福寺の開山、円通大応国師は大本山大徳寺の開山、大灯国師のお師匠さまですが、円通会はその円通大応国師の「円通」のお名前をいただいております。

円通会では年二回『円通』という小冊子の機関誌を発行しており、わたしがその編集のお役をいただいています。各寺の和尚さまや信徒の方々に原稿をお願いしまとめるわけですが、和尚さま方の原稿というのは仏教用語やお坊さんの専門用語が多く、一般信徒にはむずかしかったり理解できない内容がけっこうあり、書きなおしてもらったり解釈をつけてもらうことが、ときどきあります。

自分たちはよくわかっていることばであっても、対象とする読者の信徒さんたちに読んでもらい理解してもらわなければ、機関誌を発行する意義がありません。まさに「聞きまちがいは言い手の粗忽」にならないよう、気をつけなければならないと思います。

親が、よくわが子のことを「この子はちっとも約束を守らない」と嘆くことがあります。その約束というのは、親の一方的な押しつけや命令であったり、無理やり「これは約束よ」といって「はい」と返事させたばあいが多いものです。そして、その約束がしばしば破られて親は嘆き、子どもを責めたり、ときにはウソつき呼ばわりをすることもあります。このばあい、たしかに親と子のあいだでことばの意味としては通じても、ことばによる意志の通じあいはないといってよいでしょう。子どもは、親のことばを気持ちのなかで受け入れきれていないのです。

「約束よ」と親がいい、「はい」と子どもが答えたとしても、はたして子どもがその約束を心からなっとくし、その意志による「はい」であるかどうかは疑問です。ことばは通じても意志の疏通《そつう》がなければ、ことばそのもののはたらきは機能せず、コミュニケーションもはかれなくなってしまいます。いくら自分が正しい主義主張をもって論じても、正しく伝わらなければ、やはり「聞きまちがいは言い手の粗忽」と同じです。わたしたちは、こんなまちがいをまちがいと思わず、平気で自分が正しいと思い、相手を責め、なじっていることが多いのかもしれません。

4　禁煙令を布告せよ

わたしがときおり利用する東郷駅では、よく駅長さんみずからがホウキとチリトリを持って吸い殻を拾い掃きされている姿を見かけましたが、ＪＲ九州では指定場所以外は駅舎・ホームのすべてを禁煙にすると発表し、さっそく実施にうつされて、タバコを吸わないわたしは大助かりです。

喫煙者にとっては、きびしい喫煙マナーが求められ、ますます肩身のせまい思いにさせられることになりました。しかしこれも、ところかまわず煙を吐き散らし、吸い殻を投げ捨てにする多くの喫煙者たちのマナーの悪さの結果なのかもしれません。タバコを吸わない人ばかりでなく、喫《の》む人たちからも喫煙マナーの悪さが指摘され、エチケットのなさ、まわりへの配慮のなさを嘆く声も少なからずありましたので、ＪＲの決断と実行には大賛成、大歓迎の声が集まっていると聞きます。

旧国鉄時代とはちがい、お客さまサービス、客の声をすぐに反映するＪＲの企業姿勢には、わたしも大賛成です。

わたしもむかしは喫煙者の一人でしたから、喫煙者の心情もわかります。しかし、喫煙者の多くは、喫煙しない人の心情を理解していないようにも思います。タバコを吸うのは俺《おれ》の嗜好《しこう》だし、俺のかってだと思いこんでいます。だが、まわりの吸いたくない人までが、そのいやな煙をいやでも吸わされるのですからたまりません。そしてまた、汚された灰皿の始末をするのは、たいてい吸わない人たちということが多いものです。

だから、わたしは「タバコを吸うのは吸う人のかって、だが、ところかまわず吐き散らし、投げ捨てるのは身がってなのだ」というのですが、「そんないじわるをいうものじゃない」と逆にいじわる扱いされる始末で、まだまだ日本人の喫煙マナーの意識は、欧米に比べ五十年遅れているといわれるのも当然かなと、じっとがまんの子でいます。

むかしのものの書に、次のようにあります。

世に恐ろしき流行あり「世に烟草《たばこ》のまぬ女と精進する出家は稀《まれ》なり」というほど

流行《はやり》たり。

本朝へは慶長のはじめ頃、南蛮より伝わるといい、諸病に効ありとて貴賤上下なくはやる。なれどその証なく、かえって病い重くなり、悶絶して死するものあり。……これにより慶長十二年と十四年と十七年に烟草御停止の法度（禁煙令）布告されしも、その習いやまぬなり。又、元和元年以来、再三にわたる「烟草の工作売買の禁令」も如何ともなし難く、いと恐しきこと麻薬に似たり。

烟草の喫用は真に汚き風習にも増して下賤にして、尚有害なる弊風、断じて我がすめら大神祀りたる大和国にあり得べからざることなり。野蛮蒙昧なる土人の呪わしき悪風なるに、何が故に野蛮人に倣《なら》いたるか。

といった嘆きの声がみられますが、それはいまだに消えません。社会常識がすすみ、公徳心も高まった今日、少しでも喫煙マナーも高めたいものです。

5　和尚さんは世間知らず

健康法のひとつに「よく噛《か》んで食べること」というのがあります。食事のとき、一口五十回噛んで食べつづければ、ガンも治るという学者さえいます。

人間の体は神秘不可思議なものであり、科学ではなお解明できない生命体であるとされています。人間の体は幾十ものホルモン剤、消化剤、解毒剤、止血剤、消毒剤、疲労回復薬、活力剤、ワクチン等々の薬を生み出すことができる製薬工場であるとさえいわれるほど、自分の体に必要な生命維持のための薬が必要に応じて自然に製造されるしくみができているそうです。

ものを噛むという行為は、ただたんに食べものを噛みくだき、消化吸収するための作用ばかりではなく、アゴの発達や脳のはたらきを助けたり、だ液の湧出《ゆうしゅつ》を促進させ、体の製薬工場の原料化する大事な工程です。

そのたいせつな咀嚼《そしゃく》の行為を大事と知りつつ、わたしはここ何年かというもの、すっかり噛むことを放棄してしまい、早食い丸呑みこみ状態の食事をつづけてきました。それは悲しいかな、わたしは下アゴのほうの奥歯が虫歯でやられ、両方とも抜いたままになってしまっていて、噛むに噛めないのです。

当然ながら歯科医院に通い、入れ歯の段取りをしていました。そこの歯科医院は予約制で治療していましたので、なんどか予約どおりに通い治療を受けていました。しかし、いつも予約時間どおりには治療してもらえず、待合室で待ったり、治療台に寝かされてから待たされたりで、いつもイライラしていました。そのあげく、ちょこちょこと処置をするだけで、なんどもなんども通わされる始末です。

あるとき、いつもより待ち合いで長く待たされるので、あまりの退屈さに、ほかの待ち客（患者）と顔を見合わせて「あなたの予約時間は?」「おたくは何時?」と聞くと、な、なんと、わたしと同じ予約時間ではありませんか。同じ時間に三人も予約とはおかしい。「これは、なにかのまちがいではないですか」と、すぐに受付の女性に問いただすと、「いえ、ベッドが三つありますから」というのです。遅れた理由は、先生がちょっと会合が長びいて帰るのが遅れたためというので、これはしかたがありませんが、治療台が三つあるから三人を同時予約にしたといっても、治療にあたる先生は一人しかいないのです。一人の患者の治療中、ほかの二人の患者はベットに寝かされたまま、身動きもできずに待たされるのですからたまりません。これは明らかにインチキ行為ではないかと、単純なわたしは怒りをおぼえ、大声で受付と医師を叱りつけ、「すみません」とあやまらせて帰ってしまったのです。

そのとき虫のいどころが悪かったとはいえ、それ以来、わたしは奥歯のないまま食事をするはめになり、あまり噛めないため、だんだん早食い丸呑みこみ状態の食習慣になってきていたのです。

もちろん、体にいいわけがありません。いつも胃の状態は悪く、栄養が体にまわらないのか疲れやすく、老化もすすんでまいりました。体の製薬工場も十分に作動・操業ができないらしいのです。

こんな憤懣《ふんまん》やるかたない思いを愚痴っぽくあるところで話したら、「あら、どこの歯医者さんもそうじゃないの?」と、みんなそっけない顔をして、「いまどき、なにをいっているの。それは世間の常識よ。和尚さんって世間知らず」といわんばかりの目を向けられてしまいました。そのとき、わたしは一瞬「おや、ひょっとしたら、怒った俺のほうがまちがっていたのかな?」という気にさせられてしまいましたが、世間の常識がなんであれ、「おかしいことはおかしい」と、かたくなに我を通すわたしの悪いクセはなおりません。

しかし、とうとうほかの歯も悪くなってしまいました。いくら歯医者ぎらいで我を張っても、歯の痛みには勝てません。歯科医院はいくらでもあるし、りっぱな歯医者さんも大勢いらっしゃることぐらいは知っていたのですが、じつはわたしが歯科ぎらいなのは、歯医者さんがきらいなのではなく、あの口のなかでひびく製材所の音のようなジャーンという、けたたましい音の恐怖が、足を歯科から遠ざけつづけていたのかもしれません。

人は自分の弱みをかくすため無意識に、ほかの人を悪者に仕立てあげ、自分を正当化するばあいがあります。ハルマゲドンとやらを正当化するために、毒ガスや武器を準備する愚かしい行動さえ、いつの間にか真剣にやってしまうことにも通じることで、そういうこわさを人はだれでももっているのではないかという気がしました。

こんな反省から、素直にというより、痛みに耐えかねて、この夏、予約制でない、自分のつごうのいいときに行ける歯科医院へ通い、やっと奥歯を入れてもらいました。

一口五十回の咀嚼《そしゃく》とまではいきませんが、よく噛んで食べる健康法を心がけようかと思いなおしています。

6　風に色はない

「湯川山では、つかの間のご来迎がおがめましたよ」という登山者が、小雨にぬれながら下山の帰路に当寺におまいりされ、新年のあいさつをしていかれました。今年は新年早々から雨に見舞われ、また黄砂の霞《かすみ》につつまれて、しのび寄る春のけはいどころか、あからさまに春近しの思いを感じさせられた年の明けでした。でも、これから節分までがなお寒中の節、大陸からの寒気団は強い勢力といいますから、安心もゆだんもできません。

それ以上に、現実の世相もまた波乱ぶくみです。「和尚さん、今年はどんな年になるでしょうか?」という新年のあいさつ程度のかるい気持ちでの質問の投げかけを、何人かからいただきました。もとより評論家的とか、占い師的な的確な予測を期待されたわけではありませんから、わたしもあいさつ返しとして、明るい雰囲気で会話をはずませなければなりませんので、相手のお気持ちをくんで、「世間ではあまり明るい見通しの予測は出ていませんが、わたしは楽観的ですから、逆に今年はきっと明るい、いい方向に向かうと思いますよ」と答えました。

除夜の鐘に引きつづいて行なう新年の法要の後での参詣者へのあいさつでも、「昨年は、聞こえてくることばとして『きびしい・苦しい・暗い』のマイナスの３Ｋだったかとおもいます。世相はことばに反映されるものですが、また逆にことばが世相に反映してゆくものです。暗い暗い、きびしいきびしい、苦しい苦しいとぼやき嘆けば、ぼやき嘆くほど気持ちは暗く沈み、苦しみはつのるばかりで、決して明るくはならないのが自然の理屈です。きびしい現実は現実として受けとめなければなりませんが、その現実を嘆き悔やむのではなく、これを教訓として学び、むしろ家族ともども、今日無事新年を迎えられ、寺におまいりして『おめでとうございます』とあいさつが交わせることのありがたさを感謝したいものです。昨年は暗いニュースばかりでなく、たくさんの明るいニュースもあり、みなさんにはそれぞれいっぱい、よいこともあったはずです。そのよいこと、うれしいことを案外、かるく受けとめ、あまりありがたいとも感じず、むしろまだきてもいない将来にたいする不安をつのらせ、大きくして憂え、暗く沈んでいるのが世間というものです。社会にとっても、自分にとっても、よかったこと、うれしかったことにもっと脚光をあて、喜びを大きくしていけば、今年もきっとよい年になるはずだと思います」

という毎度ながらの「ありがた節」のお説教になりましたが、プラス思考がよいといわれますように、今年は「希望・幸福・感謝」の３Ｋの前向きなことばで暮らしたいものです。

「時の流れは、その人の年齢に反比例する」ということがいわれています。つまり、年齢が多くなればなるほど、歳月の流れが迅速《はや》く感じるものらしいのです。たしかにむかし子どものころは、一年という月日の経過がものすごく長かったように思いますが、中年をはるかに過ぎたこのごろは、その一年なんてアッという間に経過してしまうような気がします。

「もういくつ寝るとお正月……」と歌い、首を長くした子どものころの思いとは逆に、まさに「光陰矢のごとし」とか「無常迅速、時人を待たず」の感を如実に味わい、時に追われ、時にせき立てられて一年を終え、また新年を迎えている状態です。

わたしがまだ若僧のとき、隣寺の老僧が「儂《わし》らの一年は、おまえさんたちが思う十年ぐらいの価値に感じるよ」とつぶやいた一言が、いま真実味を帯びてわかります。それと同時にまた、「いやいや、俺はまだそんな年じゃない」とあわてて、わが身の老化と心の老けこみを否定するありさまです。とはいえ、わたしたちはみな一年ずつ確実に齢《よわい》を重ねています。信仰者として、仏教者として自ら歩んだ、その時の経過にみあった心の成長なり進歩向上があっただろうかと、ふと思うことがあります。そしてまた、反省懺悔《さんげ》が先にたって情けないという思いがするのも、そんなときです。

懺悔とはただ反省をするということではなく、もう二度とくり返さないことでありますが、それでも過ち失敗をし、また誓う、こんなくり返しの中に、遅々たりといえどもなんらかの前進や向上を見出したいという思いです。

7　老病は人生の成長過程

「五十肩で肩から腕にかけて痛く、不便な思いをしています」というご婦人がおられました。思わず笑いたくなったのを押し殺して「それは困りましたね」といったものの、どう見ても五十というより六十に近いかそれを越えて見える方だったからでした。

じつはわたしも、そのときは五十肩で、左肩が痛く、夜中になんとも表現しえない痛さで目覚めるほどでしたので、そのご婦人の悩みは十分理解できました。しかし、ただ同情するだけでは話題の展開がないので、少々いじわるなことばを添えてやりました。

「奥さん、五十歳で五十肩なら、まずまず正常に成長してきているということじゃないですか。奥さんのばあい、今ごろ五十肩だなんて、少し成長が遅れているんじゃないですか？」と冗談をいいましたら、「あら、どうしましょ。そういえば、四十腰もまだだったわ」と、冗談の逆襲が返ってきて笑わせてもらいました。

しかし、人が一生懸命働き体を使いつづけて五十年、六十年もたてば、故障が出たり痛いところがでてくるのがあたりまえでしょう。人により多少の差はあれ、更年期や厄年などに体の変調があるものです。それが、生きものとしての自然の成長過程ではないかと思っています。

五十肩で困ったわたしですが、五十代で五十肩なのですから、これはけっして無事とはいえませんが、人間として生きているうえでの正常な成長過程のことなのだとの思いでいました。痛いのは〝これ以上無理をするな〟という体の危険信号か警告なのだから、むしろ体の信号機が無事作動してくれていることに感謝しなければならないわけです。

この体の成長過程を忘れたり、体の信号機の故障や忙しさのあまり危険信号を見おとして、ついつい無理をし体を使いすぎて命をちぢめ、疲労死や過労死に至る人が多いものです。中年や老齢者の元気いっぱい、精力旺盛なのはけっこうなことですが、この世に不老不死はなく、人生の半ばも過ぎればどこかに故障が起きたり、油ぎれのようにホルモンの分泌の状態も悪くなるのが、自然の姿であるといえます。

生老病死の避けえない人生苦のなかで、年相応の老病死をとげていくのは、むしろ正常な人間の成長なのだと思えないでしょうか。七十、八十歳にもなって元気だというのは、たいへんけっこうなことであり、すばらしいことです。しかし、そんな年になってもなお病気も故障もないと思うほうが異常であり、奇跡を望むことのような気がします。むしろ少々の病気、足腰の痛みなどはあるのがあたりまえ、当然とみんなが思っているように、老病死も人生の通過点のひとつの現象としてあると思えば、少々の病苦も受け入れなければならないのではないでしょうか。

8　愚痴をいえば馬鹿になる

愚痴や不平はことばとしてだすことも、心に思うこともないほうがいいに決まっています。だれだって、愚痴や不平をよしと思う人はいないことでしょう。よくないことと思いつつも、つい口にでてしまうのが愚痴や不平なのかもしれません。世のなかには、いつも愚痴を並べ、自らの憂《う》さを発散させながら、無意識に愚痴や不平を楽しみ、ストレスの解消をしているかのような人もいます。本人にはまったく愚痴という思いはないのでしょうが、憂さ晴らしの愚痴を聞かされる者にとっては、けっして心地よいものではなく、迷惑な話です。

最近は中高年者の元気さがめだちますが、なかには「このごろ血圧は高いし、ちょっと歩けば息切れはするし、目も悪くなり、もうだめだ」という初老男性の嘆きを聞くことがあります。働きづめに働き、日本経済を支え、今日の繁栄をきずいた人たちの末路にしては、いささか寂しいという思いとともに、お気の毒さまという同情もあって、わたしはただ慰め励まし元気づけることばはだしますが、その人の嘆きは愚痴に聞こえてしまいます。

愚痴とは、言ってもしかたのないことを言って嘆くことですが、それはものごとの道理をわきまえず、真実の相を知らず、一方にとらわれることによって起きる迷いです。その迷いは悪業《あくごう》をつくり、さらに苦悩を深め、愚痴や不平をいっそうつのらせ、無明《むみょう》という迷いの世界に沈んでいくのです。

愚痴ということばは、もともとは仏教用語であり、その語源はサンスクリット語のモーハ（moha）という語で、「智慧がなく、心迷い、ものごとの正しい判断が下せないこと。心愚かなため、言ってもしかたないことを言うこと」を意味しています。それは心を惑わせる煩悩の三毒「貪（むさぼり）・瞋（いかり）・痴（おろか）」のひとつですが、この愚痴＝モーハが中国語に音訳されて「莫迦《まか》」「莫訶《まか》」などと書かれ、さらに日本で音訳されて「馬鹿」となり、痴者・愚か者として今日の一般用語の「バカ」という意味となったのです。したがって馬鹿の語源は愚痴であり、愚痴ばかりいっている人は、まさに愚かな馬鹿者といえます。

だから、病や老化を嘆き愚痴るのではなく、むしろ嘆きの原因の老病、そして死という現実はごく自然な現象であり、人はだれでも味わわなければならないこととして、これを受け入れるとき、愚痴でなくなるはずです。病であれ、老化であれ、人生の通過点としてこれを味わい、さらに、不自由ながらも、まだまだ歩ける、話せる、ぜいたくではないが、食べることも住む家も間にあっている、家族もいる、友もいる等々、自分にとってよいこと、幸せなこと、恵まれていることを見つけて、それを喜びとし、感謝に変えたいものです。

9　出会いの不思議

茶の湯の席でよく使われることばに「一期一会《いちごいちえ》」というのがあります。「一期の人生」というように、一期とは人間の一生涯のことで、一会とはただ一度だけの出会いのことです。たとえ幾たびも会う人であろうとも、今日のこの出会いは一生でただ一度の出会いであると、そのように心得て悔いのないようにもてなして、この出会いをたいせつにするという教訓を含んだことばでもあります。

その教訓はともかく、わたしにはたった一度だけの出会いであると思っていた人が、思いもよらず、はるばるアフリカからやって来たのは驚きでした。かつて縁あって、東京にある国連大学本部で開かれた国際文化事業財団（ＪＡＩＳＦ）主催による世界健康・環境・文化学会世界会議に出席したことがありました。そのおりに知りあったアフリカはガーナのローソン・デグビーという人です。

国際交流の場でありながら、英語ができないわたしは、だれかれとなく英語ができる日本人をつかまえては通訳を頼み、一時《いっとき》の出会いの彼とせいいっぱいの交流をしたのです。彼はガーナで、貧困者の児童教育活動に携わる人です。わたしが僧侶であることを見込んでか、その活動への理解と物資の援助を求めてきたのです。

その後の経緯はともかく、承福寺報『無功徳』誌を通じて檀信徒のみなさんにもガーナへの支援のご協力を呼びかけたことがありました。さっそく、幾人かの方が温かい真心を寄せてくださいました。英語力のないわたしは、福岡市で留学生などとの交流を通じて国際交流をされているグループの方たちの協力をいただいて、彼の求めるほんの一部ながら、カメラやビデオカメラや救命具などの品物を送りました。

その後もときどき、ファックスによる交信はありましたが、そのデグビーさんがフィリピンでの会議の後、日本に寄るので福岡を訪ねるとファックスで連絡があり、いささかとまどいました。たかがというと、協力をしてくださった方々には語弊があるかもしれませんが、彼の求めた物資とはほど遠い、わずかな小物を送ったにすぎなかったのです。

ガーナの国情はよくわかりませんが、物資の乏しい国の人にとってはたいへんな援助を受けたと思われたのでしょうか、こちらはよほどの金持ちと誤解したのでしょうか、とにかく訪ねるからとの一方的な連絡で、しかも仲間と五人で行くとのことです。わたしのほうはうれしさ半分で、通訳の人を頼んだり、五人も寺に泊めきれないのでホテルを手配したり、あわてさせられました。

航空券の入手の関係で、こちらまで来られたのはデグビーさん一人だけになり残念でしたが、ともかく、たった一会《いちえ》の出会いと思っていたわたしには、はるかな遠い国の友との再会に感激し、またガーナへの来訪を招請されたりで、出会いの面白さと不思議さを感じざるをえませんでした。そして、これはもしかしたら「功徳貯金」の功徳をいただいたのかもしれないと思いました。

もう何年か前、寺報の『無功徳』に「功徳貯金のすすめ」という一文を掲載したことがあります。空き缶などを利用して「功徳貯金」の箱を作り、これを仏壇の前に置き、毎朝(夕)おまいりするときに、かならず百円なり二百円なりをその人の誓願に応じて入れ、日々を元気で暮らせることへの感謝とか、無事であることの喜びや幸せの気持ちの現われとして、また逆に失敗したり怒ったり、病気をしたりトラブったりなどのときにも、懺悔《さんげ》やお詫び、お清めなどの願いをこめて貯金箱に入れつづけ、その貯まったお金は自分のためでなく社会のため、家族ではない人の幸せに役立てましょうという呼びかけをしていました。

功徳とは「善いことをする、すぐれた行為」のことで、功徳を積むという言い方がされるように、なんの見返りも求めず、人のためにほどこしをしたり、自分をぎせいにして人の幸せのために、なにかの役に立つ行為をすることです。ボランティア活動や人知れず行なう社会奉仕など、功徳の積み方はさまざまです。

わたしも毎日確実にとはゆきませんが、空き箱貯金をつづけ、毎年、西日本新聞民生事業団を通じて歳末助け合いに寄託していますが、ガーナ支援の要請の後、福間町の設備会社の社長さんが、この「功徳貯金」の実践によって貯まった、かなりな額のお金を寺へ持ってこられました。なんの期待もせずに呼びかけた「功徳貯金」でしたが、ちゃんと受けとめてくださっていた方がいたことがうれしく、自分のわずかの功徳貯金と合わせてガーナ支援につかわせてもらっていたのです。

もちろん社長さんもわたしも、なにかの見返りとしての功徳などまったく思いもよらぬことでした。ただ、人のために行なった小さなほどこしが集まって、アフリカという遠い国の人たちの幸せに役立ち、喜び感謝される、その感謝と喜びの気持ちをわたしたちがいただくことができ、そのうれしさ、喜びこそ、わたしが恵みいただいたほどこしであり、功徳にちがいないと思ったものです。

デグビーさんから招請があったとはいえ、暇も金も語学力のないわたしは、おそらくガーナへ行くことはできないとは思いますが、アフリカという地で、行けば出迎えてくれる友がいるということはうれしいことです。

10 親ありてこそ我あり

姫路の雲松寺より「照一隅記」（一隅を照らす記）というハガキによる伝道通信が毎月届けられます。雲松寺の和尚は、わたしの本山大徳寺の修行道場での修行仲間です。ハガキ一枚の伝道文とはいえ、毎月発行しつづけることは、なまやさしいことではありません。何百人もの檀信徒への宛名書きをし、送付するだけでもたいへんなことであるだけに、届くたびにありがたく拝読させてもらってきました。

その伝道ハガキのなかで、ずいぶん前にいただいたものに、今も記憶に残る話があります。それは、

ある和尚、タバコが大好きでした。母上は息子の和尚に「お前はタバコさえ止めてくれたら、申し分のない坊さんだ。タバコを止めてくれ」とつねづね言っておられた。和尚も母のことばに従おうとするのですが、好きなものはなかなかやめ

られません。お母さんが亡くなられた。その後、和尚がタバコを吸おうとするとセキが出てタバコを吸えない。病気でもなく普段はセキもしないのに妙なことだと和尚は思っていた。ある時、お母さんのことば「タバコを止めてくれ」を思い出した。そして、タバコを吸い出したらセキが出て吸えなくなるのは、あの世からお母さんがそうさせているのだということに気づいた。そう気がつくと母親の有難さが身に染み、泣けて泣けて仕方がなかった。タバコを止めることが出来た。その和尚云《いわ》く「死んでも親の子を思う気持ちは消えるものではない。親は有難いものだ」と。……親に世話をかけるのが当たり前になっている私たちには、親の本当の有難さはなかなか分からないかもしれませんが、「親ありてこそ我あり」です。孝心の一片でも親にむけられるような人間でありたいものだと思います。

という一文です。

それというのも、わたしにも思い当たる「母とタバコ」にまつわる記憶があるからです。わたしの母は、十年ほど前に亡くなっています。母を亡くしての悲しみや追慕の念などは薄情なほどにないのですが、母から受けたはかりしれない情愛や思い出はたくさんあって、いくつになっても消えることはありません。その思い出のひとつがタバコなのです。

わたしが中学生のときでした。大学生の兄がいて、親のすねかじりながらも、けっこうヘビースモーカーでした。夏休みなどで帰省すれば、飯台や応接台の上の灰皿は、すぐに山のような吸い殻でいっぱいになっていました。台の上は、灰がこぼれてよごれていました。その灰皿を洗い掃除をするのは決まって母で、別にいやな顔もせず黙って片づけていました。

あるとき、兄が吸い殻を残して出かけた後、燃えさしのくすぶる煙にむせて母がはげしく咳《せ》きこんでいました。その姿を見て気の毒に思ったのか、わたしは「俺《おれ》はタバコを吸わんからね」と、ふといってしまったのです。母は、むせびながら「それは助かるやね」と喜んでくれました。

ところが、わたしもやがて大学に行き、親もとを離れるとすぐにまわりの環境に流されて喫煙をはじめてしまいました。「俺はタバコを吸わんからね」といった母への約束を忘れたわけではありませんが、兄と同様に相当量を吸う愛煙家になってしまい、もはややめられなくなっていました。そのうちにもう開きなおって、母の眼前でさえ、約束など知らぬ顔を決めこんで平気で吸うようになり、母もなにくわぬ顔で兄のときと同様、その灰皿を洗い片づけてくれました。

もともと胃弱だったわたしは胃潰瘍になり、それをこじらせて京都の街なかで吐血して倒れ、救急車で病院へ運ばれ、即入院となりましたが、そのときも痛みどめの注射を受けながらタバコがやめられず、看護婦の目を盗んでは吸いつづけ、半年の入院生活を送りました。

ちょうど、わたしの入院中に母も胃ガンの手術を受けていました。血液センターの完備のない時代です。檀徒の何人もが病院へ足を運び、輸血に応じてくださったおかげで一命をとりとめさせていただきました。

わたしは退院して、さっそく母を見舞いましたが、そのとき病室に入る前にと、外でタバコを一服吸って入りました。無事退院してきたわたしの見舞いを喜んでくれた母は、「タバコを吸ってきたとね」とぽつんと一言。「うん」とわたし。一服してすぐということもあったかもしれませんが、もとより体にも衣服にもしみこんだタバコの臭いが、禁煙の病棟内にいる母には強烈な刺激臭に感じられたのかもしれません。

それからしばらくして、わたしはタバコを吸うといつも痰《たん》が出て、喉《のど》がつまったようになり、エヘンと痰を吐くたびに、病院での母の「タバコを吸ってきたとね」ということばを思い出し、また母にいった「俺はタバコを吸わんからね」の自分の宣言に反して吸いつづける後ろめたさも感じるようになっていきました。それでもまだしばらくは、たんに喉の調子が悪いだけ、この前の風邪が治りきっていないだけだと、咳をしながらもあい変わらず喫煙をつづけていました。それがニコチン中毒というものなのでしょう。

ところがまた、胃潰瘍の再発で、もう痛みどめの薬も効かなくなり、痰と咳も重なっていよいよイライラはつのり、また母との約束が重くのしかかるようになっていきました。イライラをしずめるための一服が、また約束を破る忸怩《じくじ》たる思いになり、またイライラが加わる結果となっていました。こんなタバコみたいなものに支配されている自分が情けなくもありました。

タバコをやめるにあたっては、かなり長い期間を要し、幾度もの挫折《ざせつ》失敗のくりかえしのなかで、けっきょくわたしを禁煙に導いたのは、病院での母の一言と「タバコは吸わんからね」という母への約束であったと思います。

母の晩年のころ、兄が帰郷しあい変わらず灰皿を洗っていた母に、わたしが中学のとき「俺はタバコを吸わんからね」といった約束を覚えているかと訊《たず》ねましたら、「忘れとらせんよ。ばってん、あんたのことだから」と母は答えた。つまり、忘れてはいないけれど、それはあなた自身の問題だから、わたしはなにも咎《とが》めも責めもしなかったという意味でした。わたしの性格を知る母は、わたしに注意したり咎めたりしても、どうせ聞き分けてくれないことを見抜いていたのです。

「照一隅記」の〝親ありてこそ我あり〟のことばが、この年になってようやく感じられますが、まだまだ孝心の一片でも親に向けきれていないことを恥じるばかりです。

11　合掌と笑顔は世界の共通語

「あっ、和尚さんだ！　おはようございまーす」

「やぁ、おはよぅ」

わたしの気まぐれのジョギングは、今もまだつづいています。そんなジョギング姿のわたしと通学の学童たちが、ときおり交わす朝のあいさつ。自転車で通う中学生たちは「がんばってくださーい」と声をかけて通りすぎます。

「ありがとう、君たちもナー」

どこの家の子どもだろうか。いや、だれの子なんて関係ないのかもしれない。同じ地区に住む者同士なんだ。だが、こんなあいさつをもらったわたしは、その一日をなにか得したような気分にさせられて、うれしくなってしまいます。

あいさつは　してもされても　いい気持ち

（玄海東小学校〇年生　〇〇〇〇）

あいさつは　今も昔も　合いことば

（玄海東小学校〇年生　〇〇〇〇）

こんな標語の書かれた立て看板が、地元の玄海東小学校前の道すじに、しばらくのあいだ立てられていました。ほかの標語の看板も何枚かあったのですが、もう撤去されてしまいました。メモしておかなかったのが残念ですが、通り道の二つだけ、印象に残って記憶していました。

まさに、なにげないあいさつによって、じつにいい気持ちにさせられるものです。また、たとえ見ず知らずの者同士でも、やはり明るいことばで「こんにちは」とか「ご苦労さま」とか、なにげなく交わすあいさつは、標語のように、むかしもいまも心の通いあうことばにちがいありません。

最近の子どもたちは礼儀を知らないとの声も聞きますが、わたしはなるほど、たしかにそうだと思う前に、大人のほうにこそ、むしろ礼儀知らずがふえたなぁと思えてしかたありません。

あいさつは人間のコミュニケーションをはかる基本であり、形式はさまざまかもしれませんが、人と人とのつながりをたいせつにする心と姿の現われです。あいさつのない国はないし、あいさつをもたない人種はないはずです。

わが寺に住みついて、エサだけをもらって軒下を寝ぐらとする半野良、半飼い猫の「シロ」だって、住人のわたしが帰ってくると、車の音をきさつけて車のそばまで出迎え、「ニャーゴ、ニャーゴ」とすり寄ってあいさつを交わし、スキンシップを求めてきます。ことばのない動物の世界にだって、その動物どうしのあいさつぐらいはあるのではないかと思います。

世界にはさまざまな、あいさつのことばとあいさつのしぐさがありますが、わたしは笑顔と合掌は心をつなぐ世界の共通語であると思っています。世界の国々をまわって確かめたわけではありませんが、わたしが接した国、そして外国人たちとのコミュニケーションは、笑顔と合掌と握手でこと足りた気がします。

過般、東京の砂防開館で開かれた世界矯正医学司法学会世界会議に招かれ、一日だけでしたが参加してまいりました。「非行犯罪の本態と医学的、社会的アプローチ」というなんだかこむずかしい、頭の痛くなりそうなメーンテーマでした。その学会の会長であり、今回の世界会議の座長をつとめた慶応大学病院、医学博士の作田努先生とは修行の師を同じくする二十数年来の知己です。その作田先生から、はじめ仏教者の立場からの発表を求められたのですが、なにせわたしはまったく英語がだめで、日本語の論文さえままならないのに、英語の論文などもってのほかだと辞退したのです。

そんないきさつもあり、そのお詫びと頭数そろえの協力のつもりでお招きに甘え、僧形の姿のままの気楽な参加でした。

開会の日は、この会の総裁をつとめられる高円宮殿下、更正保護婦人連盟会長の島津久子さまをはじめ、世界各国から学者や関係者が二百人も集うほどでした。そして夜のパーティー会場では、英語のできないわたしは、もっぱら笑顔と合掌と握手、そして手ぶりだけのコミュニケーションでしたが、それでもたいへん有意義なひとときを過ごすことができました。

もちろん、英語が自由に話せたら、とのもどかしさはありましたが、たぶん相手の外国の人たちも、日本語が話せたら、とのもどかしい思いでしょうから「お互いさま」なのです。

合掌は誠を表わす姿です。形はちがっても、手を合わせるしぐさは世界のあらゆる宗教のなかにあり、人間本来の自然のしぐさで、だれにも通じる万国共通のコミュニケーションの手段であることを、世界会議の参加によって確認できました。

このほか、当然、合掌は宗教的にも深い意味があり、ことに仏教においては合掌印《いん》といい、神秘世界に通じるひとつの姿でもあります。印というのは、わたしたちが証明書や契約書、預金のときに使う印鑑のことではありません。手や指の組み合わせによって、神仏の世界、神秘世界に通じるための合図の手の組み方というか、想念を通じ合わせるアンテナ的役目としての手の組み方を「印を結ぶ」とか「印相《いんぞう》」とか「印《いん》契《げい》」などと申します。仏像の手の組み方、手の相様は、すべてその仏・菩薩《ぼさつ》の決まった印をもって表現されています。

わが禅宗では、この仏の印契について云々することはあまりありませんが、参考までに申しますと、承福寺の本尊さまは、両手を開き、施無畏《せむい》・与願印《よがんいん》の印相《いんぞう》をされた坐像の釈迦如来です。

印をとくに用いるのは、神秘世界とのかかわりを主とする真言宗の人たちでしょう。身《しん》・口《く》・意《い》の三密《さんみつ》といい、手（身）に印を結び、口に真言《しんごん》（名号《みょうごう》）を唱え、意《こころ》に仏を念じながら三昧《さんまい》に入り、その仏の世界に通じ、仏の力をいただくためのさまざまな行《ぎょう》法《ぼう》が伝えられているようです。

つまり、合掌もその印のひとつで、別なる世界に通じるための合図であり、俗的にいえば仏さまへの信を表わすごあいさつをする姿なのだといえるでしょう。

インドの社会では、手を合わせ「ナマステー」といってあいさつを交わします。「おはよう」も「こんにちは」も「こんばんは」もすべて、合掌と「ナマステー」ですみます。かつてインドへ行ったとき、おもしろがってだれかれとなく「ナマステー」を連発しましたが、相手もニッコリ笑って「ナマステー」と合掌を返してくれました。

このように、ただ形ばかりの合掌と「ナマステー」でなく、親しみをこめた笑顔があってこそ、より相手に通じるあいさつになるはずです。当然、仏さまに対しても形だけの合掌でなく、心のこもった、誠からなる合掌であってこそ、神仏に通じるのではないかと思います。

親しみと純朴さがあるから、子どもたちは明るく「和尚さん！　おはようございます」とあいさつができるのでしょう。その純朴さや誠の心を失った大人は、なかなか人に対しても、神仏に対しても、心のこもったほんとうのあいさつができず、形ばかりのあいさつ、形式的なおがみに終わってしまうのかもしれません。

12　怒りの前にあいさつを

「最近の子どもたちはなにを考え、なにをしでかすかわからない」というぼやきをよく耳にします。これは、自転車通勤をしている友だちの白井さんの話です。ある日の通勤のとき、前方から自転車に乗った四、五人の高校生が話しながら道いっぱいになって来ました。間近になってもよけるようすはなく、そのまま進んでくるので、白井さんはあわてて端によけ、まさにころぶ寸前の状態になりました。

高校生たちは、そんなことにはまったく無頓着で、そのまま行き過ぎようとしましたので、「オイ！　危ないじゃないか、道いっぱいになって！　気をつけろ」と、白井さんは腹立たしくなってどなりつけました。すると、高校生たちは振り向いて「なんだこの野郎！」という顔つきでにらみ返し、今にもはむかってきそうなようすになりました。注意した白井さんは、若いときからスポーツできたえたガッチリタイプで、

顔もかなりのいかつさがあって、負けずに「なんだ、やるのか！　ちょっとこい」と、さらに大声でどなりあげたら、その迫力に高校生たちは顔を見合わせ形勢不利と見たのか、みなすごすごと自転車を走らせて行ってしまったということでした。

心身ともにきゃしゃなわたしには、こわくてとてもそんな芸当はできませんから、「おおすごい！　さすが、さすが」と白井さんの気骨に感心し、いちおうの評価をしてその行為を称えました。

しかし、その白井さんの行為がはたしてそれでよかったのかという思いもありましたので、「それは白井さんのようにきたえた自信と迫力だから、ことが無事すんだかもしれないが、わたしなどが腹立ちまぎれにどなりつけでもしようものなら、かえって高校生たちに袋だたきにあってしまったことでしょう。つい先日、どこかの駅で肩がぶつかったというだけで、高校生がサラリーマンを刺傷させたというニュースが報じられてたように、ヘタをするとへんな事件になりかねませんよ」といって、白井さんの行為にもろ手をあげて賛成しかねることを伝えました。

「それじゃあ、子どもたちの無軌道ぶりを見て見ぬふりをするのか」といわれそうです。しかし、わたしだったら、すでに高校生たちが道いっぱいになって来るのがわかっているのだから、ぶつかりそうになる前に「おぉーい、ちょっと通してくれよ！」と一声かけます。彼らは話に夢中になっていて、わたしに気づかないというより、社会的訓練がなされていないだけに、よけなければならないという気がまわらないといったほうがよいかもしれないのです。彼らには、なんの悪気もあったわけではなかったと思います。ちょっとこちらから声をかけてやれば、気持ちよく道を開けてくれたことでしょう。それで「ありがとう」といって過ぎれば、自分も気持ちいいし、高校生たちも「道いっぱいになっていてすまなかったなぁ」という気になるのではないでしょうか。

じつはわたしも、ジョギングをしたり、運動のために自転車こぎをします。そんなとき、よく自転車通学の中学生たちに出会います。たいていワイワイがやがやと、道いっぱいになっています。「ごめんよ！」と、わたしが先に声をかけますと、「すみません」とか「おじさん、がんばって！」という声が返ってきて、「ありがとう」と返事を返せば、お互いが気持ちよく行き交うことができます。

わたしは白井さんにお説教し、諭すつもりではありませんでしたが、「たしかにそうだと思います。わたしは道いっぱいになって来る生徒たちを見て、〝あいつらけしからん。交通マナーも守らんで〃という彼らを責める気持ちしかありませんでした。それほど意識していませんでしたが、なにかのきっかけを見つけて注意をしてやろうと、もうこちらはケンカ腰の構えですれちがったようにも思いますね」と、白井さんは少々自分の大人げのなさを照れていました。

玄海東小学校に至る一〇〇メートルほどの道は「あいさつロード」といってもよいでしょう。同校の生徒さんたちがつくった、あいさつの標語の立て看板がいくつも立てられていました。

あいさつは天使がくれたおくりもの
あいさついっぱい　えがおいっぱい
めとめを合わせてごあいさつ
あいさつは心を開く第一歩
あいさつは笑顔をひきだすまほうだよ
あいさつはみんなの心かえてるよ
あいさつはいやな気分をふっとばす
いつまでもあいさつだけは元気よく

などという標語が、まだまだありました。ちょっとした一声、あいさつによって、人と人との関係はつくれるものなのだということを、この小学生たちが教えてくれています。あいさつの精神に、大人も子どももありません。いくらつっぱりの少年でも、誠なるあいさつのことばに応えられない人はいないはずです。だから、日本中にあいさつロードができればいいなぁと思いました。

13　若さを保つ秘訣

かつて女子マラソン界で活動した元オリンピックランナーの増田明美さんは、現役を引退した今は、スポーツキャスターとして活躍されています。その彼女が、ある日の『西日本新聞』のスポーツ欄に「スポーツ随想」として執筆されていましたが、そのなかで「ランナーズハイ」という興味ある内容について書いていました。

ランナーズハイとは、マラソンなど長距離を走りつづけていると、ある時点から体が軽くなり、今まで走りつづけてきた疲労を忘れ、苦しみの時から解放される状態をいいます。しかし、この苦しみを忘れ、スイスイとこのままどこまでも走りつづけられるような錯覚をもよおす心身の軽快感は、ものの十分とつづかないのです。というのも、このランナーズハイの状態になるのは、脳が低酸素状態になったときに、脳内にモルヒネに似たホルモンのベータエンドルフィンが分泌されるために起きる一時的な現象だということなのです。

ちょうど、宇宙ロケット打ち上げの第一ロケットの燃料が燃えつき、ロケットが失速状態になったとき、第二ロケットに点火して再び勢いをえて飛び出すのに似ている気がします。じつはわたしも、トライアスロンに出場したときやトレーニング中にも、このランナーズハイの状態はなんども経験したことがあります。それまでの引きずりながら走るような重い足が急に軽くなり、体が自然にリズムに乗って前へ前へと進むようで、気分はもう坐禅の禅定に入ったような無心の状態になるのです。

このランナーズハイということばを知ったのは増田さんの記事を読む以前のことですが、それ以前は、そのランナーズハイということを知らなかったので、この状態に入ったとき、わたしは自分なりの表現として「走りの禅定」ということで、心身の爽快感を味わっていました。わたしの走りは、健康マラソン程度以下の亀さん走りで、ノロノロとした自分の呼吸の、ニコニコペースの走りです。それでも、わたしは走ることはどこか坐禅に通じるところがあると思っています。呼吸を走りに合わせ、雑念が払われて、ただ黙々と足を交互に進める単調さの連続のなかに、やがて体はまわりの空気のなかに溶けこみ、走っている己の体も心も忘れてしまう状態に入ることから、わたしはこれは「走りの禅定」状態なのだとかってに考え、走りは「坐禅」に対する「走禅」なのだという思いでいました。その「走禅」をいつか論文にまとめて本にしようかとさえ思ったことがあります。ところが、わたしが味わっていたこの走りの禅定は、どうやらランナーズハイの状態のことだったようです。

ところで、わたしが増田さんの記事でおもしろいと思ったのは、このランナーズハイを引き起こすホルモンであるベータエンドルフィンは、良心をはたらかせているときにも分泌されるのだという内容についてでした。

数年前、突然襲った阪神大震災の直後、全国から若者を中心とするボランティアの人たちが大勢、被災地に集まりました。ボランティアの人たちは真冬の寒いなか、睡眠も栄養も充分でないなかで活動したのにもかかわらず、風邪を引く人がほとんどいなかったらしいのです。それは、ベータエンドルフィンが分泌されていたからだということが書かれていました。

つまり、このベータエンドルフィンは、よい心をはたらかせようとしたときに分泌されるらしいのです。若者ではないが、オジさんのわたしも寺でじっとしておれず、震災直後、ボランティアといえるかどうか、お邪魔虫の役立たずだったかもしれませんが、被災地へ二度にわたって出かけ、夢中で走り回ったことがあります。

わたしは男のくせに、極度の冷え性で寒がりです。ところがそのとき、雪が舞い氷の張る厳寒のなかでまったく寒さを感じなかったし、疲れさえ覚えなかったのです。そのときはベータエンドルフィンのことなど知る由もなく、ただ夢中で、寒いとか疲れるとかいうことを忘れていました。そのとき人のために役立ったかどうかはわかりませんが、とにかく自分の気持ちとして寺にじっとしておれず、折りたたみ自転車をかついで被災地へおもむき、かってに動き回っただけでしたが、たぶんこのとき、わたしなりの良心がはたらいたにちがいありません。そのとき、なぜか自分が生き生きして充実した時であったように思います。だから、きっとこの時のわたしにも、この疲れを癒すホルモンが分泌されていたにちがいなかったのだと思えるのです。

人はだれでも、いいことをしたら気持ちよく、心から人のために尽くし働いた後というのは、気分的にもすがすがしい思いを経験するものだと思います。そのすがすがしさは、たんにいいことをしたという気分的なものだけではなく、人の心身を心地よくするホルモンが分泌されているので、ほんとうに気分も体も爽快になるのだという科学的裏づけがあることを知ることができました。

このホルモンは、音楽やよい香りなどによってリラックスしているときや、心から楽しんでなにかをしているときにも分泌されるらしいのです。そしてこのホルモンは、さらに体内の細胞を活性化し、老化を防ぎ、ガン細胞をも抑制するはたらきがあるということなのです。いいことを行なう、善行功徳を積むことは信仰者の基本であり、人のためにみずからをなげうって尽くす、他人に善をほどこすことは、また自分に善をほどこすことだと、むかしからいわれてきたことですが、それが科学的に、身体面にも精神面にもよい影響となって現われることが証明されたということでしょう。

いつまでも若々しくありたい人、ガンになりたくない人、長生きしたい人は「すべからく善きことを行なうべし」でありましょう。ただその行為も、自らの若さを保つためとか、ガンにならないためという自分の欲のために行なうといった不純な発想では、ベータエンドルフィンが分泌されるかどうか定かではありません。やはりそれは、見返りを求めない無心の善行でなければならないのです。

14　人は見かけによらず

交通事故を起こして亡くなった少年の葬儀をつとめたことがありました。バイクによる暴走行為のための死でした。お身内が少ないこともあってか、その葬儀には、一種独特のスタイルのバイク仲間たちが大勢集まって手伝いにきていました。一見異様な感じのなかにも、彼らは駐車場案内や受付、導師のわたしの荷物を持っての案内など献身的に働き、礼儀正しく整然とした動きを見せていました。

リーダーによる弔辞には、故人となった友との別れを惜しむ悲しみの気持ちがこめられており、「さすがに大勢のグループをまとめるリーダーなんだなぁ」と感心をしたり、さらに仲間たちの謙虚に手を合わせておがむ姿に、ほほえましささえ感じました。

さらに最後には、ロック調の賑《にぎ》やかな音楽による棺《ひつぎ》の送り出しも、むしろ故人の少年にふさわしくもあり、まさに暴走族葬かなと思いながらも、一般会葬者にも特別嫌悪感はなく、葬儀は終わりました。このときわたしは、「人は見かけによらず」というように、「たんに姿形やかっこうだけで、その人のすべてを決めつけてはならないなぁ」と思ったものです。

わたしたちは、自分の好き嫌いや、あるいは先入観や推測や思いこみで、かんたんに「あの人は、あの人たちは、そういう人だ」などと決めつけて、レッテルやラベルを貼ってしまいがちです。昔流の言い方をすれば、色眼鏡をかけて見るということでしょう。危険なのは、今はもう薄れてきていると思われながらも、なお人の意識に強く残る差別感情、家がらや氏素姓だけで、人がらなどはおかまいなしに人を判断し、ほめたり、けなしたり、差別したり、また見かけや印象や態度だけで人の評価をしてしまいがちなことです。

一休さんといえば「とんち話」で知られていますが、承福寺の本山である大徳寺の住持もされた徳の高い和尚です。あるとき、京の大店《おおだな》の主人が、一休和尚さまに来ていただいて点心《てんじん》（食事の接待）を差し上げたいと、使いの者をやりました。一休さんも気安く承知して、約束の日にうかがいました。

お店のほうでは、将軍さまとも親しく交友される一休和尚を迎えるとあって、玄関

を掃き清め、打ち水などをして、主人を筆頭に店の者がそろって、和尚の到着を今か今かと待っていました。そこへ、みすぼらしいなりの僧侶が玄関を入ろうとしました。店の者は慌てて、「今日は大事な、偉い和尚さまをお迎えするのだから、お前のようなこじき坊主の来るところではない。早く出て行け」とばかりに、わずかばかりの小銭を渡し、追い出してしまいました。

ところが、お店のほうには、約束時間を過ぎてもかんじんの一休和尚は来られません。ご主人は「おかしいなぁ、もしやお約束をお忘れかなぁ」と思い、使いの者を催促にやりました。一休和尚はすぐにうかがう旨を告げ、使者を帰らせた後、小僧さんに金襴《きんらん》の袈裟《けさ》だけを持たせて施主宅へ行かせ、一休和尚の座る座布団の上に、この金襴の袈裟を座らせたといいます。主人がいぶかってわけを聞くと、「和尚さまは、先ほどどこのお店のほうにまいりましたら、玄関先ですぐにお布施をいただき、帰るようにいわれましたので、もどって来たとのことで、また使いをよこされたということは、一休本人よりこの金襴の袈裟のほうに来てほしかったのだろうと、わたしにこの袈裟を持たせたのでございます」と答えたとのことです。

一休和尚は偉いお坊さんでしたが、けっして偉ぶるふうはなく、いたって質素で、はでな袈裟を着けてまわるお方ではなかったのです。すなわち、最初に玄関に訪ねて来て、追い返されたみすぼらしいなりのお坊さんこそ、一休和尚その人だったのです。

人は見かけや風貌でその人の価値を判断しがちですが、「人は見かけによらず」で、りっぱそうな人がりっぱな人とはかぎらず、詐欺《さぎ》師であったりもします。安易にラベルやレッテルを貼ってしまわず、先入観や思いこみでなく、純なる心、新鮮な目で見きわめたいものです。

著者略歴

埜村 要道（のむら　ようどう）（行名：宗郁）

昭和17年　福岡県生まれ
花園大学卒業後、大本山大徳寺専門道場掛錫
昭和46年　仏道蘇生同志会結成参加
昭和52年　承福寺31世住職となる
現　　在　大徳寺派宗会議員・参事、北九州宗教者懇話会理事
朝日カルチャー「禅語教室」講師、現在に至る
著　　書　『仏教の迷信と真実』（国書刊行会）
『煩悩の効用』（世論時報社）
『こころの紋様』（世論時報社）
『生きがいの探求』共著（世論時報社）

現住所　〒811-3513 福岡県宗像市大字上八1373
Tel.0940(62)1833　Fax.0940(62)0435
E-mail: ns@jyofukuji.com
URL: http://www.jyofukuji.com

輪廻転生《りんねてんしょう》の秘密《ひみつ》——死《し》ぬるための生《い》き方《かた》——　㊤

平成15年5月20日　印刷
平成15年5月30日　発行
ISBN4-336-04543-7

著　者　埜村要道
発行者　佐藤今朝夫

〒174-0056 東京都板橋区志村1-13-15
発行所　株式会社　国書刊行会
TEL.03(5970)7421(代表)　FAX.03(5970)7427
http://www.kokusho.co.jp

落丁本・乱丁本はお取替いたします。
印刷・㈱エーヴィスシステムズ　製本・㈴村上製本所